Wolfgang Spiller, Hubert Hohler

Vegane Rohkost

- ○ Prinzip und Wirkweise
- ○ Leckerschmeckige Rezepte
- ○ »Menü-Fahrplan« mit farbigen Rezeptfotos
- ○ Alle Zubereitungen tiereiweißfrei/unerhitzt

Verlag **Gesund** Natürlich und

Verlag **Gesund** Natürlich und

Gewidmet allen Menschen, die sich aus ethischen, religiösen, gesundheitlichen und ganzheitlichen (ökologischen) Gründen für die vegane Ernährungsweise entschieden haben.

Damit leisten sie einen zwar bescheidenen, jedoch hoffnungsbringenden Beitrag zur Entlastung unserer Umwelt. Durch ihr netzhaftes Denken und Vollbringen machen sie das Tier zum Partner des Menschen, die Pflanze zum Lebensbringer und die vegane Rohkost zum Leitbild eines natürlichen und gesunden Lebensweges.

Eberhard Cölle

ISBN 3-924877-12-2
1. Auflage 1992

© 1992 Copyright by Verlag »Natürlich und Gesund«
Eberhard Cölle, Postfach 70 01 18
7000 Stuttgart 70, Tel. 07 11 / 76 29 09, fax 76 47 98
Farbfotos der Rezepte: Jürgen Kläger, Baiersbronn;
weitere Abb. Archiv »N und G« Stuttgart

Satz, Druck und Bindung: Wesel, Baden-Baden

Wolfgang Spiller/Hubert Hohler

Vegane Rohkost

Inhalt Seite

Vorwort   5

Vegan-Abc
Alter und Rohkost   8
Darmflora, Eiweiß, Enzyme, Fette, Geist, Gesell-
schaft, Hormonsystem, Immunsystem, Kinder,
Kohlenhydrate, Krankheit + Gesundheit, Kritisches,
Mineralstoffe, Ökosystem, Psyche, Schwanger-
schaft, Sport, Spurenelemente, Stoffwechsel,
Vitamine, Zähne ... und vegane Rohkost 42/43

Farbtafeln
1: Die Vegane Welt der alten Mayas 48/50
2: Müsli am Morgen vertreibt Kummer & Sorgen   51
3: Salat brauchst du zu jeder Zeit   54
4: So nötig wie: Gemüse für die Verdauung   55
5: Der Mensch lebt ... auch vom Naschen   58
6: Brot und Gebäck hält die Kräfte rege   59
7: Aufstriche: Wer gut schmiert   62
8: Marmelade am Abend: erquickend & labend . .   63
Mit Vorbemerkungen zu den Rezeptbildern

Vegan-Rezepte
Vorwort zu den Rezepten   44
Interview mit dem Vegan-»Koch«   65
Müsli (Rezepte 1–6)   72
Salate (Rezepte 7–47)   78

Gemüse-Spezialitäten und Suppen (Rezepte 48–58) **123**
Kollath-Tabelle der »Ordnung unserer Nahrung« .. **135**
Leckerschmeckige Desserts (Rezepte 59–77) **136**
Brot und Gebäck (Rezepte 78–88) **155**
Deftige Aufstriche (Rezepte 89–96) **168**
Marmelade und süße Aufstriche (Rezepte 97–103) **176**
Anhang: Öko-Ratgeber »Natürliche Gesundheit«.. **182**

Verzeichnis der Rezepte (thematisch) **190/191**

Vorwort

Die Ernährung besitzt für uns Menschen eine zentrale Bedeutung. Verbinden wir doch damit Kultur, Genuß, Kommunikation und Repräsentation. Essen als kommunikativer Zweck, Essen als orale Befriedigung, Essen als Ersatz für Wärme und Liebe zur Mutter, Essen als reine Nahrungszufuhr, sowie Essen als Diät: All das zeigt im wesentlichen die Aspekte eines »notwendigen« Übels.

Denn völlig unemotional betrachtet, dient Essen letztendlich nichts anderem, als unseren Körper mit notwendigen Betriebsstoffen zu versorgen, damit wir leistungsfähig, ja überhaupt lebensfähig sind. Wer je den zufriedenen Gesichtsausdruck eines gerade gestillten Kindes beobachtet, erkennt eine völlig andere Dimension des Essens. Wer Menschen an Hunger hat sterben sehen, wird erkennen, daß Essen ein grundlegendes, elementares Bedürfnis des Menschen ist, das unter allen Umständen befriedigt werden muß.

Wer sich wie wir medizinisch mit dem Thema Ernährung auseinandersetzt, lernt noch andere Dimensionen des Essens kennen, nämlich die krankmachende und die heilende. Ernährung als etwas anzunehmen, was unter Umständen krankmacht, fällt vielen Menschen schwer. Suchen wir doch in der Regel immer nach direkt zusammenhängenden Auswirkungen. Doch dürfen wir gerade hier den Faktor »zurückliegende« Zeit nicht außerachtlassen. Wir wissen heute definitiv, daß eine Ernährung krankmacht, die nicht mehr elementare Bedürfnisse des Menschen befriedigt. Und die Auswirkungen dieses krankmachenden Faktors in der Ernährung zeigen sich häufig erst 20–30 Jahre später bzw. an den nächsten Gene-

5

rationen. Überfluß und Mangel beeinträchtigen unseren Organismus gleichermaßen, wie auch die Denaturierungsprozesse in der Nahrung. Die Entdeckung des Feuers, später dann seine Verwendung zum Erhitzen der Nahrung, kann als der erste entscheidende Schritt zur Zerstörung der Lebendigkeit unserer Nahrung angesehen werden. Die Auswirkungen sind hinlänglich bekannt: Krankheit und Dekadenz.

Die Perversion des Eingreifens in unsere Nahrung erleben wir heute in fast »vollkommener Vollendung«: Fastfood, Kunstnahrung, Genmanipulation, Bestrahlung und chemisch-synthetische Zusatzstoffe als Nahrungsergänzung oder »Geschmacksverbesserung«. Da wir die Auswirkungen solcher Manipulationen noch nicht überblicken können, bleibt abzuwarten, was uns die Zukunft bringt. Wir befürchten allerdings das schlimmste.

Ernährung zu Heilzwecken einzusetzen, ist wohl so alt wie die Menschheit selbst. Fasten als natürlicher und instinktiver Heilvorgang ist hier wohl das beste Beispiel. Der Kranke, der durch seine »Appetitlosigkeit« von der Natur das Signal zur Nahrungsverweigerung instinktiv gesetzt bekommt, tut gut daran, diesem Signal zu folgen. Tiere machen es uns immer wieder vor. Nach dem Fasten wirkt die lebendige Pflanzenkost für den Menschen weiter stabilisierend und regenerierend. Frischkost als Urnahrung scheint dem genetischen Code zu entsprechen, der in jeder Zelle verankert ist. Wie sonst ließen sich viele einfache wie spektakuläre Heilerfolge erklären? Allein in der Villinger Schwarzwald-Klinik wurden in den Jahren 1984 bis 1991 über 5000 Patienten von schwersten Allergien befreit, und das hauptsächlich durch Fasten und lebendige Pflanzenkost. Viele dieser Patienten ernähren sich auch heute noch so. Sie sind gesund, glücklich und zufrieden. Aus Dankbarkeit und Verpflichtung diesen Menschen gegenüber, sahen wir uns veranlaßt, dieses Buch zu verfassen, zumal Literatur über vegane Frischkost kaum vorhanden ist. Mögen die leckerschmeckigen Rezepte neben den theoretischen Beiträgen mithelfen, Sie zum Nachdenken und Nachmachen anzuregen! Egal, ob Ihre Motivation nun Krankheitsbehandlung, Gesunderhaltung oder einfach »nur« Neugierde ist …

Villingen, im Januar 1992

Wolfgang Spiller, Hubert Hohler

Was mag wohl in dem Einkaufskorb drin sein? Natürlich vollwertiges Frühlingsgemüse

Vegan-Abc

Alter und Rohkost
Alten Menschen fällt die Umstellung auf Rohkost oft
schwer. Zum einen wollen sie sich nicht von Altgewohn-
tem trennen, zum anderen macht das Neue Angst, denn
Kreativität und Lust fehlen, es auch wirklich konsequent
auszuprobieren. Viel häufiger haben nämlich diese Menschen Gebißprobleme, Verdauungsschwierigkeiten, En-
zymschwächen, sowie durch jahrzehntelange Kochkost
ein völlig insuffizientes Magen-Darmsystem. Das gute
Kauen der faserstoffreichen Pflanzenkost fällt schwer, Blähungen, Durchfall oder Bauchkrämpfe sind die Folge. Ob-
wohl wir die Frischkost durch Pürrieren altersgerecht zubereiten können, ist der Widerstand oft groß. Hier haben
wir Verständnis und empfehlen einen Kompromiß hin zur
frischkostbetonten Vollwertkost mit gedämpftem Gemüse, Kartoffeln und ähnlichen Dingen. Rohkost darf nicht
zu einem Diktat, einem Dogma werden. Wir versuchen
dann nur das umzusetzen, wozu der uns anvertraute
Mensch freiwillig bereit ist. Wenn ältere Menschen die
Einsicht zur Ernährungsumstellung haben, sind sie auch
so gut motiviert, sich auf die wertvolle, lebendige Nahrung zu konzentrieren.

Darmflora und Ernährung
Welche Bedeutung die Darmflora für den menschlichen
Organismus hat, wird jetzt langsam immer mehr be-

kannt. Dysbiosen und ganz besonders Darmmykosen führen zu Abwehrschwäche und mangelnde Versorgung mit Vitalstoffen. Welche Bedeutung die Darmflora für den Menschen hat, insbesondere welche Bedeutung der Ernährung zukommt, erkannte schon in den 30iger Jahren dieses Jahrhunderts der Krebsforscher und Biologe Dr. Paul-Gerhardt Seeger. In seinem umfassenden Werk: »Bakterien – Freunde oder Feinde des Menschen?« schreibt er folgendes:

»Von ausschlaggebender Bedeutung für die Gesunderhaltung des Organismus ist die Aufrechterhaltung einer Anaerobiose (Sauerstoff-Freiheit) im Dickdarm, die von der Art der Nahrung abhängig ist. Während Frischkost und milchsaure Kost sehr reich an Reduktionen (= wasserstoffreich bzw. energiereich) ist und durch Sauerstoffbindung unter Energieabgabe in den energieärmeren Zustand übergeht, wird durch das Kochen der Nahrung die Reduktionsfähigkeit vernichtet. Die Kochkost (bzw. die Fleischkost oder andere Zivilisationskost) schädigt Milieu und Flora des Darmes, indem die für bestimmte Bakterien (Bifidobakterien) stoffwechselmäßig notwendige Anaerobiose durch Auftreten von Sauerstoff im Darmlumen beseitigt wird. Bereits an der Farbe des Stuhls kann man erkennen, ob die Redoxvorgänge im Darm normal verlaufen. Anaerober, gesunder Stuhl hat eine hellgelbe Farbe, weil die Gallenfarbstoffe nur in reduzierter Form vorkommen. Bei pflanzlicher Frischkost bekommt der Kot die charakteristische hellgelbe Farbe des Säuglingsstuhls.«

Erforderlich für eine gesunde Entwicklung der Darmbakterien ist u. a. eine Nahrung mit einem hohen Gehalt an Faserstoffen (fälschlicherweise Ballaststoffe genannt). Das führt uns dann direkt zur veganen Rohkost, denn

9

einen genügend hohen Faserstoffanteil haben wir eben nur in den pflanzlichen Lebensmitteln!

Eiweiß und Rohkost
Eine sehr häufig gestellte Frage in der Ernährungsberatung lautet: »Woher bekommt mein Körper Eiweiß, wenn auf tierische Produkte verzichtet wird?«.

Die Antwort ist eigentlich ganz einfach: Innerhalb der veganen Rohkost, bei der alle Lebensmittel (z. B. Obst, Salate, Gemüse, Nüsse, Samen, Keimlinge und Getreide) unerhitzt zubereitet werden, ist eine Versorgung mit allen lebensnotwendigen Eiweißbausteinen absolut gesichert. Dr. Bircher-Benner ahnte schon vor 80 Jahren die krankmachende Wirkung von Tiereiweiß, als er in seinen Schriften darauf hinweis, das pflanzliche Eiweiß sei für den menschlichen Organismus viel besser bekömmlich als tierisches. Immer wieder warnten in den darauf folgenden Jahren Ernährungsberater, Ärzte und Wissenschaftler, den tierischen Produkten einen derart hohen Stellenwert beizumessen. Doch die Fleischindustrie schaffte es immer wieder, den Absatz ihrer Produkte zu steigern: »Fleisch ist ein Stück Lebenskraft!« Vielen Autoren ist es zu verdanken, daß durch ihre Publikationen und Öffentlichkeitsarbeit die vegane Rohkost, zumindest in Deutschland, immer mehr an Bedeutung gewinnt. Allein in der Schwarzwald-Klinik wurden von 1984 bis zum Jahre 1991 über 5000 Krankengeschichten dokumentiert, die beweisen, daß vegane Rohkost viele chronische Krankheiten lindern, ja sogar heilen kann.

Welche Nachteile hat eigentlich der Verzehr tierischer Produkte, wie Fleisch, Fisch, Geflügel, Ei, Milch und Milchprodukte?

10

- Fäulnisprozesse im Darm mit Bildung von Ammoniak, Schwefelwasserstoff, Indol, Skatol, Mercaptan, Thioäther
- Belastung der Leber durch obige Substanzen
- Lymphbelastungen
- Allergien
- Entstehung von Krebs
- Eiweißspeicherkrankheiten, wie Arteriosklerose, sowie Rheuma, M. Böck, Diabetes, Herzinfarkt, Apoplexie, hoher Blutdruck u. a.
- Obstipation
- Gicht
- Infektanfälligkeit

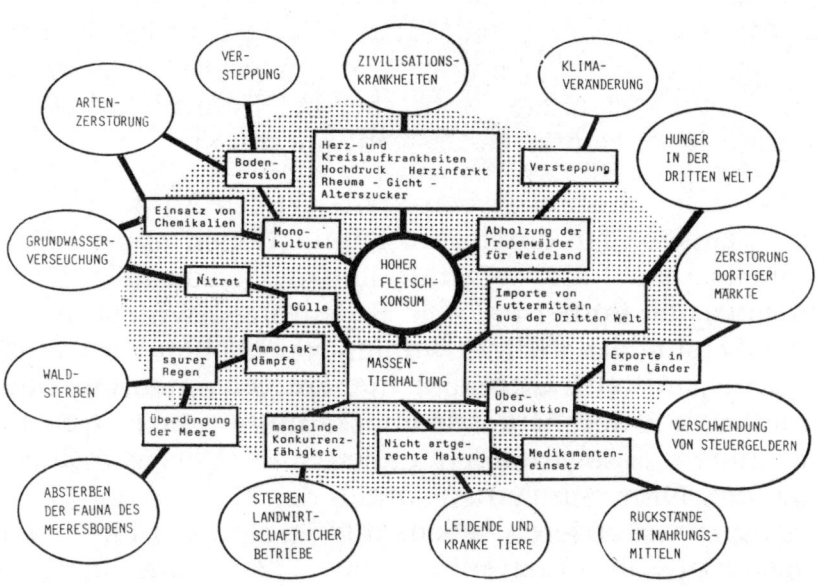

Doch damit nicht genug, denn es sind nicht nur medizinische Gesichtspunkte zu betrachten, sondern auch ethische und ökologische, wie die Grafik von Rudulf Reichert, Augsburg, zeigt (siehe Seite 11).

Wichtig bei der veganen Ernährung bleibt die Forderung: Mittel- und langfristig kann der Bedarf an pflanzlichem Eiweiß nur mit lebendigem Eiweiß in lebendiger Nahrung gedeckt werden. Dies wird um so erfolgreicher und schneller erreicht, je natürlicher, je unveränderter, je roher die Nahrung zusammengestellt wird. Man merke und erkenne: Leben kann nur aus Leben entstehen, aus abgetöteter Nahrung kann nur Tod entstehen. Daher: Bekennen Sie sich zum Leben!

Da müssen sich selbst bei einem verantwortungsbewußten Kinderarzt die Haare sträuben. So weiß Prof. Dr. Eberhard Schmitt von der Universitäts-Kinderklinik Düsseldorf zu berichten: »Bei Muttermilch gibt es keine Stoffwechselüberlastung der noch unreifen Stoffwechselorgane wie Leber oder Niere, wohl aber bei Kuhmilch ...« Ein weiterer Kommentar ist da wohl überflüssig!

Enzyme und Rohkost
Enzyme sind das »Salz in der Suppe« bei allen lebendigen Nahrungsmitteln. Ohne Enzyme können Vitamine, Spurenelemente und Mineralstoffe kaum verwertet werden. Sie sind als Katalysatoren an allen Stoffwechselvorgängen beteiligt. Ohne sie läuft nichts.

Enzyme in unseren Lebensmitteln sind um ein vielfaches temperaturempfindlicher als z. B. Vitamine. Licht und Sauerstoff zerstören und inaktivieren sie ebenso. Erhitzte Nahrung verliert in erster Linie an biologischer Wirksamkeit durch den Verlust der Enzyme und weniger durch die Reduzierung an Vitaminen. Wie kompliziert und hochempfindlich Enzyme sind, erkennen wir daran, daß es bis heute noch nicht gelungen ist, Enzyme synthetisch herzustellen. Enzyme machen Vitamine erst für unseren Organismus verwertbar.

Vielleicht verstehen wir jetzt auch, wie wenig sinnvoll es ist, in großen Mengen Vitamintabletten zu schlucken, denn der Mangel an Enzymen läßt sie im Körper ungenutzt verpuffen, und die Vitamine werden so wieder ausgeschieden, wie sie aufgenommen wurden. Erst Vitamine und Enzyme im Verband eines Lebensmittels nutzen unserem Körper, erhalten ihn gesund und leistungsfähig.

Auf die Vielzahl der Enzyme in pflanzlichen Lebensmitteln hinzuweisen, würde den Rahmen dieses Buches sprengen. Hier einige Grundkenntnisse: Enzyme werden aus Eiweißbausteinen, den Aminosäuren, aufgebaut. Dieser Aufbau geht über mehrere Stufen, bis die einzelnen Komplexe zu Peptiden zusammengefügt werden. Aus diesen Peptiden entstehen dann Polypeptide, die letztlich die Enzyme bilden.

An einem praktischen Beispiel sei einmal die Funktion der Enzyme erklärt: Hülsenfrüchte werden meist in gekochtem Zustand gegessen. Doch hat jeder die Erfahrung gemacht, daß gekochte Hülsenfrüchte Völlegefühl, Unwohlsein und Blähungen verursachen. Warum? Nun, die Hülsenfrüchte enthalten Oligosaccharide (mittel- bis langkettige Zucker), welche äußerst kompliziert enzymatisch aufgespalten werden. Die menschliche Darmschleimhaut kann das dafür benötigte Enzym nicht zur Verfügung stellen. Dadurch bleiben diese Kohlenhydrate unverdaut im Darm, wo sie nun von den dort ansässigen Bakterien verstoffwechselt werden. Dieser Abbau führt nun zur Bildung von Kohlensäure, Wasserstoff und Methan. Völlegefühl, Blähungen, Belastungen der Leber und des gesamten Stoffwechsels sind die Folge. Läßt man hingegen die Hülsenfrüche wie Linsen, Mungobohnen oder Kichererbsen keimen, verwandeln sich die unverdaulichen Oligosaccharide zu verdaulichen Monosacchariden. Dies geschieht durch die natürliche Enzymtätigkeit der Hülsenfrüchte. Keimen also statt Kochen, so heißt die Devise. Denn Keimen aktiviert Leben, Kochen zerstört Leben.

Fette und Rohkost
Wer sich je mit dem Thema Fett ernährungswissenschaftlich und medizinisch auseinandergesetzt hat, wird erkannt haben, daß es eines der widersprüchlichsten und schwierigsten Themen überhaupt ist. Deshalb möchten wir hier auch gar nicht in die Tiefe gehen, sondern Ihnen auf einfache Weise vermitteln, was es in der Ernährung mit den Fetten auf sich hat. Es sind dies im wesentlichen der Gehalt an ungesättigten Fettsäuren und ihre Aufgaben im Stoffwechsel des Menschen. Ungesättigte Fettsäuren sind essentiell, d. h. lebensnotwendig; sie müssen mit der Nahrung zugeführt werden, können also vom Körper nicht selbst gebildet werden. Ungesättigte Fettsäuren binden vor allem Vitamine und Proteine an ihre Moleküle, insbesondere die Vitamine der Gruppe A, D, E, K und machen die Nahrung für den Organismus erst verwertbar. Gesättigte Fettsäuren sind dazu aufgrund ihrer Molekülstruktur nicht in der Lage; sie belasten den Stoffwechsel und begünstigen Fettstoffwechselstörungen.

14

Getreide, Nüsse, ölhaltige Früchte und Samen (Sonnen-blumenkerne, Leinsamen, Sesam usw.) enthalten viele ungesättigte Fettsäuren. Licht, Luft und Hitze schaden den Fettsäuren, sie gehen dann Verbindungen mit anderen Atomen oder Molekülen ein, sie können »ranzig« werden und sind dann nicht mehr zu genießen. Daher sind diese Lebensmittel, wenn sie mechanisch bearbeitet wurden, nicht lange haltbar und müssen schnell verbraucht werden.

Karotte mit Öl oder ohne Öl? Eine häufig gestellte Fra-ge, da immer noch die Meinung in den Köpfen vieler Men-schen festsitzt, eine Karotte wird besser verwertet, wenn sie mit Öl gegessen wird. Tatsache ist, daß das beta-Carotin, die Vorstufe des Vitamin A, durch Öl nicht besser »verwertbar« wird, sondern im Körper zu Vitamin A aufge-baut wird, egal ob Sie die Karotte mit Öl oder ohne Öl essen.

Alle industriell hergestellten Fette, wie Margarine, Brat-fette, Speiseöl und Frittierfett, enthalten ausschließlich krankmachende, gesättigte Fettsäuren, sind vitalstoffarm und gänzlich abzulehnen. Das gilt in gewissem Maße auch für Diätprodukte aus dem Reformhaus. Auch soge-nannte kaltgeschlagene Fette und Öle entsprechen nicht ganz den strengen Gesetzen der Rohkost, da sie zum Teil erhitzt sind; sie werden aber trotzdem mit Einschränkun-gen in der Rohkostküche verwendet.

Geist und Rohkost
Im Friedensevangelium der Essener sagt Jesus:

»Tötet weder Mensch noch Tier, noch eure Nahrung, die der Mund aufnimmt. Denn, wenn ihr lebendige Nahrung eßt, wird sie euch beleben, aber wenn ihr eure Nahrung tötet, wird euch die tote Nahrung ebenfalls töten. Denn Leben kommt nur vom Leben, und vom Tod kommt immer nur Tod. Denn alles, was eure Nahrung tötet, tötet auch euren Körper. Und was eure Körper tötet, tötet auch eure Seelen. Und eure Körper werden, was eure Nahrung ist, so wie euer Geist das wird, was eure Gedanken sind.

Denn wahrlich, ich sage euch, lebt nur durch das Feuer des Lebens, und bereitet eure Speise nicht mit dem Feuer des Todes, das eure Nahrung tötet, eure Körper und Seelen auch.«

Deutlicher als Christus kann man es nicht sagen. Nahrung wirkt nicht nur auf unseren Körper, sondern auch auf Seele und Geist. Das 5. Gebot heißt in seiner Urfassung: »Du sollst nicht töten, weder Mensch, noch Tier, noch deine Nahrung.« Wollen wir hoffen, daß nicht das eintrifft, was Keptah dem Arzt und Evangelisten Lukas weissagte:

»Die Natur ist unbedingte Ordnung, von unbedingten, unabänderlichen Gesetzen beherrscht, die Gott dem Weltall bei dessen Erschaffung mitgegeben hat. Die Zivilisationen bleiben so lange bestehen, als sie mit der Natur übereinstimmen und deren Gesetze beachten:
– das Gesetz der Schöpfung,
– das Gesetz der freien Entfaltungsmöglichkeit,
– das Gesetz der Würde alles Lebenden,
– das Gesetz der Schönheit aller Gestaltungen und

16

– *das Gesetz der Ehrfurcht vor dem Dasein Gottes und
dem eigenen menschlichen Dasein.*

*Sobald aber eine Zivilisation durch Manipulation und
materielle Zwänge zur Unpersönlichkeit erstarrt, sobald
sie große und kleine Einzelwesen auf eine einzige dürre
Ebene zwingt, sobald sie die allgemeine Freiheit verleug-
net, muß die Natur diese Zivilisation zerstören, durch
Krieg, Seuchen, Krankheiten oder raschen Verfall. Gegen-
wärtig stehen wir mitten in einer dieser Auswirkungen
dieses göttlichen Gesetzes.«*

Gesellschaft und Rohkost

Für einen Rohköstler ist es nicht unbedingt einfach, in unserer Gesellschaft zu leben. Ihm begegnet wenig Verständnis aus seiner Umgebung. Die Kochkost essenden Menschen fühlen sich betroffen, ahnen sie doch instinktiv,
daß der Frischkost Essende den richtigen Weg beschreitet.
Aus Angst, aus der Bequemlichkeit herausgerissen zu werden, aus Angst, etwas ändern zu müssen, begegnen sie
dem sich »anders« Ernährenden mit Vorurteilen, Aggres-
sion und Ablehnung. Beide Seiten sind aufgefordert, Tole-
ranz zu üben. Wenn dies nicht gelingt, gibt meist derjeni-
ge auf, der gerade auf dem Umstellungsweg war.

In vielen Diskussionen wird den Veganern immer vor-
gehalten, es sei doch so unendlich schwer, Rohkost zu
praktizieren: Kindergarten, Schule, Kantine, Freunde, Ver-
wandte, ja selbst der eigene Partner, würden dagegenarbei-
ten. Manchmal heißt es sogar: Oh, diese Veganer! Sie de-
moralisieren mich mit ihren ernährungswissenschaftlichen Halbwahrheiten. Und wenn ich mich dann umgestellt habe, halten mich viele für einen Spinner: Jetzt ist
sie/er total übergeschnappt … Haben Sie bitte Verständnis

für Ihre Mitmenschen, denen es so schwerfällt, Ihre vegane Kostumstellung zu begreifen. Denken Sie immer daran, wenn Sie gesundheitliche Zwänge nicht zur Rohkost gezwungen hätten, würden Sie wahrscheinlich voller Vorbehalte sein. Stehen Sie dennoch konsequent zu Ihrer neuen Ernährungsweise – ohne allerdings zu missionieren.

Wir dürfen nicht vergessen, daß wir in einer Gesellschaft leben, in der Essen nicht nur eine zentrale Bedeutung hat, sondern auch ein wichtiges Instrument zur Ersatzbefriedigung geworden ist (von der negativen Werbung all der krankmachenden Industrienahrung in allen Bereichen der Medien einmal ganz zu schweigen). Bleiben Sie stark, lassen Sie keinen sonst an Ihrer Gesundheit verdienen als Sie selbst!

Hormonsystem und Ernährung
In seinem Buch »Wandel des Denkens in der Medizin« stellt der Münchener Endokrinologe Dr. Riedweg die Hypothese auf, daß ein Hormonmangel zahlreiche Krankheitsbilder initiiert. Er läßt keinen Zweifel daran, daß die Hormondrüsen auf die zentrale Regulation des Organismus, auf Chromosomen und Gene, eine eminente Wirkung entfalten. Weiterhin erkannte er, daß pflanzliche Substanzen in homöopathisierter Form regulierend in hormonelle Abläufe einzugreifen vermögen. Seine 25jährige Forschung auf dem Gebiet der Endokrinologie lassen ihn auch in deutlicher Weise kritisch Stellung nehmen zur Hormontherapie der Schulmedizin. Seine Erkenntnisse lauten:

1. Die Methoden der Therapie in der heutigen Endokrinologie sind unzureichend!

2. Die Substitution von Hormonen ist äußerst problematisch, da sie hemmend auf Teile des Hormonsystems wirken und unter Umständen mehr schaden anrichten als Nutzen bringen.
3. Fast jede von außen kommende Einwirkung auf eine Hormondrüse hat eine Rückwirkung auf andere Drüsen zur Folge.
4. Insuffiziente Hormondrüsen können durch pflanzliche Stimulation aktiviert werden.

Beginnt man mit der Stimulierung der Hypophyse, schließt sich eine Lebertherapie an, so daß die Therapie mit der Aktivierung der Nebennierenrinde bei begleitender Kreislauftherapie und Regulierung des Elektrolyt-Haushaltes abgeschlossen werden kann. Auf diese Weise kann der Betroffene befriedigende Erfolge bei allen allergischen Erkrankungen erleben.

Ich möchte dennoch in diese Diskussion eigene Gedanken einbringen. So bin ich der Auffassung, daß sich Hormonsystem und Stoffwechsel nicht voneinander trennen lassen. Salopp ausgedrückt, könnte man sagen: »Hormonelle Dysfunktionen gehen immer mit Stoffwechselstörungen einher, und die Stoffwechselstörungen wiederum haben Auswirkungen auf das Hormonsystem!«

Stellt man nämlich die Frage nach der Kausalität von hormoneller Fehlregulation, wird stets festzustellen sein, daß die Betroffenen stoffwechselkrank, über- oder untergewichtig und vitalstoffunterversorgt sind. Das bedeutet, die eigentliche Ursache der Fehlregulation des Hormonsystems liegt in der Fehlernährung.

Am Beispiel der Menstruation läßt sich unsere These am besten veranschaulichen. Die Periodenblutung einer gesunden, richtig ernährten Frau besteht aus 2–3 Tropfen

Blut. Die Monatsblutungen der zivilisierten, kranken Frau verläuft über mehrere Tage, ist mal stärker mal schwächer, meist schmerzhaft und krankhaft, weil der Körper über die Schleimhaut des Uterus viele Toxine ausleitet. Eine Monatsblutung von 3–4 Tagen wird heute als normal angesehen, in Wirklichkeit handelt es sich um einen pathologischen Zustand. Den Höhepunkt erreicht dieser krankhafte Zustand im Klimakterium. Hitzewallungen, Schweißausbrüche, Schlafstörungen, Depressionen und viele andere Symptome quälen die Frauen über Monate und Jahre. Finden Sie dies alles normal?

»Havelock Ellis schildert den Fall einer Frau, die bei Fleischnahrung unter starken Blutungen und an Krämpfen litt. Sie wurde fast vollständig davon geheilt, als sie sich vegetarisch ernährte.« (zitiert aus Leben und Überleben von Viktoras Kulvinskas).

Dr. Schroyers, Prof. Dr. Ehret u.v.a. konnten neben mir auch diese Beobachtung machen. Bei proteinarmer Ernährung (= hauptsächlich rohes Gemüse und Obst) ließen die Blutungen allmählich nach. Nicht nur die Blutungen verschwinden, auch Myome bilden sich zurück, wie ich bei etlichen Patientinnen beobachten konnte. Myome (= Verdickungen in der Gebärmutter) sind nichts anderes als Toxindepots des Körpers. Wenn es gelingt, den Körper zu reinigen, die Stoffwechsellage zu verbessern und damit die hormonelle Dysfunktion zu beseitigen, lassen sich selbst Myome zurückbilden, und der Frau bleibt die Gebärmutter erhalten.

Ich untersuchte in den Jahren 1987–1989 bei 372 Neurodermitikern im 24 Std.-Urin die Ausscheidung der C-17 Ketosteroide und fand sie bei 58,3% der Patienten signifikant reduziert. Das bedeutet, daß diese Patienten eine deutliche Hemmung der ACTH-Bildung der Hypophyse aufweisen. Das hat die Konsequenz, daß bei diesen Patienten die Nebenniere nicht mehr ausreichend körpereigenes Cortison zu bilden vermag. Das ist für Allergiker schlichtweg eine Katastrophe! Die Ursache einer verminderten Funktion der Nebenniere lag

– im externen Gebrauch von Cortison
– bei Frauen zusätzlich bei Einnahme der »Pille«.

An diesen Beispielen kann man verstehen, wenn der Endokrinologe Dr. Riedweg zu der Auffassung kommt: »Substitution jeder Art von Hormonen ist gefährlich!«

Eine gesunde Ernährung ist der Garant für Ihr intaktes Hormonsystem. Überlegen Sie immer, bevor Sie sich zu einer Hormonbehandlung entschließen, ob es nicht natürlicher und ungefährlicher ist, erst die Lebensweise und Ernährung zu überdenken, damit Sie mit diesen einfachen Mitteln die naturgegebene Harmonie Ihres Körpers wiederherstellen können.

Immunsystem und Ernährung
10 Jahre Ernährungstherapie bei allergischen Erkrankungen haben gezeigt, daß es die vitalstoffreiche Kost vermag, auch schwerste Allergien durch ihren harmonisierenden Einfluß auf unser Abwehrsystem abzuheilen. Die überschießenden Reaktionen des Immunsystems auf Fremdstoffe klingen ab, Unverträglichkeiten verlieren sich. Immunblockaden lösen sich. Diese empirischen Erkenntnisse werden mittlerweile wissenschaftlich untersucht. Die Ergebnisse sind erstaunlich.

Dabei wird die Bedeutung einer gesunden Ernährung immer mehr hervorgehoben. Beginnend mit der Säuglingsernährung, wird der Grundstock für die Gesundheit im späteren Leben gelegt. Die Wichtigkeit des Stillens zur Allergieprophylaxe sollte immer wieder herausgestrichen werden. Denn die Muttermilch enthält eine bedeutende Menge an Immunglobulin A. IgA überzieht die Schleimhaut des Verdauungstraktes »wie eine Tapete« und schützt damit den Organismus vor dem Eindringen von Erregern und allergenen Substanzen. 90% der weißen Blutkörperchen in der Muttermilch sind Makrophagen, also Freßzellen. Sie wirken antiinfektiös. Die Lymphozyten bestehen zur Hälfte aus B-Lymphozyten und T-Lymphozyten; beide wirken unter anderem antiallergisch. Des weiteren spielen in der Muttermilch noch humorale Faktoren eine Rolle. Die bekanntesten sind Lysozym, Lactoferrin, Komplement und Interferon. Ich habe 1988 in einer Arbeit über die Muttermilch ausführlich auf diese Zusammenhänge hingewiesen. Stillen ist in der heutigen Zeit mehr denn je das Gebot der Stunde.

Um die mit der Muttermilch aufgebauten Abwehrkräfte aufrechtzuerhalten, kommt der Kleinkinder- und weiteren Ernährung eine besondere Bedeutung zu. Burgerstein erkannte, daß schlechte Ernährung (das sind stets denaturierte Nahrungsmittel) die Zahl der Lymphozyten vermindert, welche für die Infektionsbekämpfung nötig sind. Ich konnte beobachten, daß der Genuß von tierischen Produkten ganz bestimmte Blutbildveränderungen macht, während Pflanzenkost sogar pathologische Blutbildveränderungen zu korrigieren vermochte. Eine weitere Beobachtung zeigt, daß der bei Allergikern oft extrem erhöhte IgE-Wert durch ernährungstherapeutische Maßnahmen gesenkt werden konnte. Welche Faktoren hier eine Rolle spielen, ist noch nicht hinreichend geklärt. Doch teile ich die Auffassung von Dr. Juchheim, der in seinem Buch »IMMUN« großen Wert auf die »Entgiftung« des Körpers durch Ernährung legt. Unverdaute Nährstoffe werden bei ihm zu Giftstoffen, welche ins Blut gelangen und unser Immunsystem provozieren.

Ich meine, daß hier besonders die Abbauprodukte von Tiereiweiß störend wirken: Schwefelwasserstoff, Ammoniakverbindungen, Indol, Skatol, biogene Amine und andere Substanzen vergiften bei unsachgemäßer Ernährung unseren Organismus. Doch nicht nur die Vergiftung muß als negative Auswirkung auf unser Immunsystem betrachtet werden. Chronische Unterversorgung mit wichtigen Vitalstoffen bereitet uns wesentlich mehr Probleme. Meine Kollegin, Frau Dr. Eleonore Blaurock-Busch, untersuchte mit mir in den Jahren 1987–89 bei über 180 Neurodermitikern den Mineral- und Spurenelementhaushalt. Das Ergebnis war niederschmetternd: Mangel an Calcium, Magnesium, Molybdän, Mangan und Zink waren die häufigsten Befunde. Man bedenke: Das waren Analysen von Menschen, die sich angeblich »ausgewogen« ernährten! Die heutige Zivilisationskost schädigt unser Abwehrsystem chronisch. Infektanfälligkeit, Allergie, Rheuma und Krebs sind nur ein Ausdruck dieser Entwicklung.

Die Erfolge, die heute die Ernährungsmedizin zu verzeichnen hat, liegen darin begründet, daß bei der frischkostbetonten Vollwertkost u. a. unspezifische, immunstimulierende Wirkstoffe aufgenommen werden und der Darm mit seiner Vielfalt an Symbionten eine optimale Nährstoffausnutzung gewährt. W. May weist in seinen Arbeiten immer wieder auf die Bedeutung des Darmes und der Ernährung auf die Funktion unseres Abwehrsystems hin. Der Verdauungstrakt mit einer Gesamtoberfläche von 300 m^2 enthält 80% der immunkompetenten Zellen. Schonung, Säuberung und Schulung des Verdauungstraktes führen nach May zu einer Reduzierung der Antigenzufuhr. Entzündungen bilden sich zurück, was zu einer Entlastung des Immunsystems führt und zu einer Entschlackung der bradytrophen Gewebe beiträgt.

Kinder und Rohkost

Die einzige Nahrung, die die Natur für den neugeborenen Erdenmenschen vorgesehen hat, nämlich die Muttermilch, ist roh. Warum kann dann die nachfolgende Nahrung nicht ebenfalls roh sein? Sollte sich die Natur derart irren?

Läßt man nämlich gestillten Kindern unbeeinflußt von außen die freie Nahrungswahl, bevorzugen sie ausschließlich natürliche Nahrung. Ihr Instinkt leitet sie zur arteigenen Ernährung, nämlich der pflanzlichen Rohkost. Fehlverhalten im Essen lernen die Kinder erst durch ihre Umwelt, die glaubt, daß industriell gefertigte Produkte bekömmlicher sind, daß Denaturierungsverfahren, wie Kochen, Sterilisieren, Pasteurisieren und Konservieren helfen, die Nährstoffe besser »aufzuschließen«. Das Eßverhalten der Eltern prägt die Ernährungsgewohnheiten des Kindes für sein ganzes Leben. Und Kindergarten, Schule, bzw. Gesellschaft, vor allem eine nicht informierte Medizin, tun ihr übriges.

Iß roh, dann wirst Du froh, heißt es im Volksmund. Wir sehen heute bei unseren eigenen Kindern, wie positiv ein gesundes Eßverhalten auf die körperliche, seelische und geistige Entwicklung der Kinder wirkt. Wir kennen bei ihnen keine Infektanfälligkeit, keine Mandeloperationen, keine Blinddarmentzündung, keine Hyperaktivität oder geistige Trägheit. Die schulischen Leistungen sind hervorragend, ihre Lebenseinstellung positiv. Neben der Veränderung unseres Eßverhaltens hat auch die Abschaffung des Fernsehers dazu geführt, daß es keine Aggressionen mehr gibt und sich noch vernünftige Gespräche zwischen Kind und Eltern entwickeln, was vor allem in der Pubertät von großem Nutzen ist. Zugegeben: Wir haben noch nicht alles 100%ig im Griff, doch unser Weg wird immer klarer. Folgen Sie uns!

Kohlenhydrate und Rohkost
Neben Eiweiß und Fett sind die Kohlenhydrate der dritte wichtige Grundnährstoff. Die »KH« sind in pflanzlichen Lebensmitteln in Form von Stärke, Frucht- und/oder Traubenzucker enthalten. Kohlenhydrate liefern die Energie für alle wichtigen Lebensabläufe. Sehr schön kann dies beim Keimprozeß beobachtet werden, wo die Kohlenhydrate abgebaut und aktiviert werden, um neues Leben entstehen zu lassen. Im menschlichen Organismus brauchen wir zum Abbau der Kohlenhydrate bestimmte Vitalstoffe, z. B. Calcium, Magnesium und Vitamin B. Diese Hilfsstoffe werden im kohlenhydrathaltigen Lebensmittel mitgeliefert und gewährleisten somit den störungsfreien Abbau des Zuckers. Nahrungsmittel, die als Kohlenhydrate in isolierter Form vorliegen, bewirken (oft erst nach Jahren sichtbar!) erhebliche Stoffwechselstörungen. Dr. M. O. Bruker hat recht, wenn er immer wieder darauf hinweist, wie krankmachend Industriezucker und daraus hergestellte Produkte sind. Er fordert, den lebendigen Zucker nur im Verband eines ganzheitlichen Lebensmittels aufzunehmen. Eine Auffassung, der wir uns vorbehaltlos anschließen können. Vor allem im Obst haben wir lebendigen Zucker in der am leichtesten resorbierbaren Form vorliegen. Zucker im Verband eines ganzheitlichen Lebensmittels schont den Stoffwechsel, reguliert den Zuckerhaus-

halt und wirkt einer Gier nach Süßem entgegen. Obst sollte daher in unserer Ernährung eine große Rolle spielen, danach kommt Gemüse und Salat, dann erst Getreide und Nüsse.

Also, Vorsicht vor Industriezucker! Er verursacht Karies, Osteoporose, Fettsucht, Gallensteine, Verstopfung und letztlich Krebs.

Zitat Dr. Bruker: »Zucker ist der Krankheitsfaktor Nr. 1 in der Zivilisationskost«. Eine ähnliche Problematik gilt für Auszugsmehle und Produkte daraus.

Zur Verdeutlichung: Lebendiger Zucker (z. B. im Apfel, in der Muttermilch) ist natürlich und gesund; er enthält Vitamin B_1 für seinen Stoffwechselabbau. Isolierter Zucker (z. B. aus dem Apfel als Apfeldicksaft, bzw. Milchzucker als Präparat) ist fabrikatorisch hergestellt (= unnatürlich bzw. denaturiert), ihm fehlt weitestgehend das Vitamin B_1 für einen ordnungsgemäßen Stoffwechsel.

Krankheit – Gesundheit und Rohkost
Es gibt genügend Beispiele, als schwerkranke Menschen durch Fasten und Rohkost wieder genesen konnten. Wer die teilweise sogar sensationellen Heilungsberichte von Frau Dr. Nolfi bei Krebs, von Prof. Ehret bei Geschlechtskrankheiten bzw. von Heilpraktiker W. Spiller bei Allergien, sowie vielen weiteren Rohkosttherapeuten verfolgt, wird sich sehr schnell von einer Heilwirkung der rohen, lebendigen Nahrung überzeugen können. »Doch wie geht es nach der Rohkosttherapie weiter?« ist eine häufig gestellte Frage von Patienten: »Eine Nahrung«, dies ist unsere Antwort darauf, »die mich gesundgemacht hat, wird mich doch auf Dauer gesunderhalten!«

Somit bietet sich die Rohkost als Dauernahrung an.

Kritisches zur Rohkost

Wie wir gesehen haben, kann Rohkost viele Krankheiten lindern, oft sogar heilen. Auch als Dauerernährung ist Rohkost für groß und klein, jung und alt geeignet. Hingegen dürfen wir nicht außerachtlassen, daß Rohkost als Heilnahrung im Rahmen einer massiven Entgiftung des Körpers zu Reaktionen führt, die therapeutisch begleitet werden müssen.

Denn sonst kann es im schlimmsten Falle soweit kommen, wie kürzlich bei einem Mann mittleren Alters, der nach dem Lesen einer Rohkostlektüre überwiegend auf Obstrohkost umgestiegen ist. Innerhalb kürzester Zeit verlor er rapide an Gewicht. Dieser Zustand wurde so extrem, daß der Mann im Krankenhaus künstlich ernährt werden mußte. Er hatte nämlich vergessen, sich gründlich untersuchen zu lassen. Dann hätte der Therapeut festgestellt, daß im Darm ein massiver Pilzbefall vorliegt, ebenso eine Enzymschwäche und eine Verwertungsstörung der Nahrung. Weiterhin bestand eine infekttoxische Belastung mit einer energetischen Blockade der Ausscheidungsorgane. Die lebendige Nahrung löste nun viele Toxine im Körper, doch dieser wurde nicht damit fertig.

Eine Gewichtsabnahme bei Umstellung auf Frischkost ist völlig normal, auch wenn das Gewicht unter das Normgewicht geht. Sehr bald pendelt es sich auf Ihr ideales physiologisches Körpergewicht ein. Generell können wir sagen: »Übergewichtige nehmen ab, Untergewichtige nehmen zu.« Rohkost als therapeutisches Instrument gehört in die Hand eines mit Rohkost erfahrenen Ernährungstherapeuten. Leider ist deren Zahl noch sehr gering. Wenn Sie Fragen haben, können Sie sich an zwei kompetente Stellen wenden:

Schwarzwald-Klinik, Fachklinik für Ernährungsmedizin, Farnweg 6, 7730 VS-Villingen.
Institut für biologische Medizin und angewandte Ernährungsmedizin, Niedere Str. 24, 7730 VS-Villingen.

Mineralstoffe und Rohkost

Es sind zwei Mineralstoffe, die immer wieder in den Mittelpunkt medizinischen und ernährungswissenschaftlichen Interesses gerückt werden: Calcium und Magnesium. Arbeiten über diese beiden Mineralien füllen ganze Bibliotheken, wobei die Wichtigkeit vor allem des Calciums für die Ernährung der Bevölkerung herausgestellt wird. Doch daneben gibt es andere wichtige Mineralstoffe, nämlich Natrium, Kalium und Eisen.

An dieser Stelle soll uns die Beziehung zwischen Mineralstoff und vegane Rohkost interessieren. Dabei sei grundsätzlich folgendes festzuhalten:

Vegane Rohkost ist natriumarm und kaliumreich. Natrium und Kalium sind wichtige elektrische Gegenspieler für die Zellfunktion und Energieübertragung. Kaliumreiche Nahrung ist energiereich, zellatmungsaktivierend und stoffwechselfördernd. Natriumreiche Kost führt zu Energieverlust, Hemmung der Zellatmung und blockiert den Stoffwechsel, erhöht den Blutdruck und belastet die Nieren. Vegane Rohkost wirkt also regulierend!

Eisen, Magnesium, Calcium und Phosphor müssen differenzierter betrachtet werden. Auch diese Mineralien werden bei rein pflanzlicher Kost dem Körper zur Verfügung gestellt, wobei einige Besonderheiten zu beachten sind, die oft verschwiegen werden. So ist z. B. zur optimalen Aufnahme von Eisen unbedingt notwendig, daß bestimmte Darmbakterien ausreichend vorhanden sind. Vor allem bestimmte Colibakterien sind es, die das Eisenmolekül überhaupt erst verwertbar machen. Eisenmangel ist nicht nur allein eine Frage der genügenden Zufuhr, sondern in erster Linie eine Milieufrage des Darms. Ähnliches gilt für Magnesium.

Bei Calcium und Phosphor verhält es sich wiederum etwas anders. Hier richtet sich die Resorption nach Angebot und Nachfrage. So werden nur 20–45% des in der Nahrung aufgenommenen Calciums resorbiert, wobei Phosphor als Gegenspieler des Calciums regulierend eingreift. Ebenso entscheidend für die Calciumverwertung ist das Vorhandensein von Tiereiweiß in der Nahrung, welches ebenfalls die Calciumaufnahme beeinflußt. Ein Zuviel an tierischen Produkten im Essen behindert die Calciumaufnahme um ein vielfaches. Die Behauptung, bei Calciummangel sei der Genuß von Milch und Milchprodukten notwendig, weil diese sehr viel Calcium enthalten und ein Defizit an Calcium im Körper ausgleichen könnten, ist schlicht und ergreifend eine Lüge, wie wissenschaftliche Arbeiten in den USA und Deutschland gezeigt haben.

Gerade das Gegenteil ist der Fall: Wer einen Mangel an Calcium hat und viel Milch trinkt, fördert diesen Mangel noch, anstatt ihn zu beheben. Osteoporose und Allergien sind zwei Zivilisationskrankheiten, die dies eindeutig belegen. Beide Krankheitsgruppen nehmen Jahr für Jahr erschreckend zu, trotz (oder wegen) eines gesteigerten Fleisch-, Milch- und Käsekonsums. Wir haben in unserem Institut genügend Fälle dokumentiert, wo das konsequente Meiden tierischer Produkte diese Krankheiten aufhalten konnte.

Viele Mütter sind aufgrund der falschen Behauptung verunsichert, Kinder können nur gedeihen, wenn sie Milch zu trinken bekommen. Die Nahrungsmittelindustrie läßt keine Gelegenheit aus, auf den Wert der Kuhmilch hinzuweisen, nicht im Interesse unserer heranwachsender Kinder, sondern aus reinem Eigennutz, um ihre gesundheitsschädlichen Produkte an den Mann/die Frau zu bringen.

Muttermilch enthält z. B. 31 mg Calcium in 100 g, Kuhmilch dagegen 120 g, also die vierfache Menge. Die Muttermilch enthält 15 mg Phosphor, die Kuhmilch hingegen 92 g, und Natrium ist in der Muttermilch zu 16 mg enthalten, doch in der Kuhmilch sind es 48 mg.

Fazit: Allzu viel ist ungesund! Muttermilch sollte als Richtlinie gelten.

Ökosystem und Rohkost

Kein Tag vergeht, an dem nicht wieder erschreckende Meldungen über unser belastetes Ökosystem veröffentlicht werden. Der rapide Zurückgang der Ozonschicht alarmiert uns ebenso, wie dioxinbelastete Böden. Schwermetalle in der Nahrung, Nitrat im Trinkwasser, Schwefeldioxyd in der Luft und DDT in der Muttermilch sind weitere mahnende Hinweise, wie wir unsere Natur zerstören. Abfallberge, Rohstoffausbeutung, Brandrodung, Monokultur und Ölkatastrophen vervollständigen das Chaos.

Die wahren Hintergründe dieser Entwicklung sind Gewinnmaximierung einer konsumierenden, stumpfsinnigen Gesellschaft, der Profit wichtiger ist, als die Bewahrung der Schöpfung. Wenn Sie nur daran denken, daß wir eigentlich fünfmal mehr Menschen ernähren könnten, als heute auf unserem Planeten leben, schreit jedes Kind, jeder Mensch zum Himmel, der an Hunger stirbt. Unnötige Energien werden verschwendet zur Überproduktion von Lebensmitteln, die dann tonnenweise auf die Müllkippe gebracht werden. Tierhaltung und Viehwirtschaft berauben uns wertvoller Ackerflächen zum Anbau hochwertiger, pflanzlicher Lebensmittel, die uns ein vielfaches mehr an Energie liefern als Fleisch. Damit die ausgelaugten Böden überhaupt noch Ertrag bringen, muß Kunstdünger in wahnsinnigen Mengen aufgebracht und die minderwertigen, krankheitsanfälligen Pflanzen mit Gift gegen Schädlingsbefall geschützt werden. 25 Millionen Allergiker in Deutschland sind der Spiegel dieser Gesellschaft. Die Zuwachsrate liegt im Jahr bei 7 %.

Was hat dies alles mit veganer Rohkost zu tun?

Die Bevorzugung pflanzlicher Lebensmittel führt zwangsläufig zu einem völlig anderen Umgang mit der Natur. Die Landwirtschaftsstruktur ändert sich. Der energieverschwendende Massentierhalter und nitratproduzierende Landwirt (Agrarökonom/Bauer) wird dann zum naturnahen, energieschonenden Ökologen (Anbauer). Die Schöpfung bewahrende Anbaumethoden wurden in den Regeln des biologisch-dynamischen bzw. kontrollierten biologisch-organischen Landbaus definiert.

Der einzelne Rohköstler bewegt ebenfalls eine Menge zur Erhaltung und Schonung unserer Umwelt. Er produziert z.B. deutlich weniger Müll, schont Ressourcen, verbraucht weniger Energie und tut etwas für seine Gesundheit. Der Viehzucht, der Monokultur und dem Abholzen der Regenwälder wird Einhalt geboten. Sich mit lebendiger Nahrung zu versorgen, heißt letztendlich nichts anderes, daß die Natur- und Schöpfungsgesetze beachtet werden – zum Wohle der gesamten Menschheit. Sag ja zur Lebendigkeit, sag ja zur Rohkost!

Psyche und Rohkost

Wir sind nicht so vermessen zu behaupten, Rohkost sei in der Lage, seelische Probleme zu lösen. Was wir hingegen immer wieder erleben dürfen, ist der harmonisierende Effekt der Rohkost. Besonders zwei Verhaltensformen sprechen auf pflanzliche Frischkost besonders gut an:

- Hyperaktivität
- Depression

Unter dem Begriff Hyperaktivität verstehen wir nicht nur die Überaktivität der Phosphatkinder, sondern auch Menschen, die von einer steten inneren Unruhe getrieben sind, hektische Menschen mit einer Überfunktion der Schilddrüse.

Genauso verstehen wir unter Depression auch Antriebslosigkeit, Apathie, Lustlosigkeit, Unterfunktionen der Schilddrüse, ständiges »Müdesein«.

Bei diesen Zuständen können wir immer wieder beobachten, wie harmonisierend die Frischkost auf diese Menschen wirkt. Einhergehend mit der Änderung des Bewußtseins, der geistigen Grundhaltung durch die Frischkost, zeigt hier die lebendige Nahrung, daß sie nicht nur auf der körperlichen Ebene zu heilen vermag, sondern auch auf der seelisch-geistigen.

Diese Erfahrungen können Sie nur machen, wenn Sie ausprobieren, wenn Sie das hier Gelesene in die Tat umsetzen. Versuchen Sie es. Es lohnt sich immer. Teilen Sie uns Ihre Erfahrungen mit, denn auch wir haben noch zu lernen.

Schwangerschaft und Rohkost

Ist es nicht so: Nachdem vom Gynäkologen eine Schwangerschaft festgestellt bzw. bestätigt wurde, ergreift er zwei Maßnahmen:

- es wird ein Vitaminpräparat verordnet
- der werdenden Mutter wird empfohlen, eiweißreiche Nahrung zu essen.

Und der Volksmund setzt noch eins oben drauf: »Du mußt jetzt für zwei essen!«

Wenn dann nach 9 Monaten ein richtiger »Wonneproppen« mit 4 bis 5 kg Lebendgewicht geboren wurde, strahlt die ganze Familie.

Vergessen sind die vielen Unpäßlichkeiten während der Schwangerschaft, die schwere Geburt, das Schneiden des Dammes, die »dicken« Beine, die »Nierenprobleme« und die vielen anderen Beschwerden die eine Frau während der Schwangerschaft »plagen«.

Wie anders sieht es jedoch aus, wenn sich die Frauen während der Schwangerschaft bewußt ernähren, keine Eiweißmast betreiben und viel Frischkost essen!

Die Kinder haben ein geringeres Gewicht, der Geburtskanal ist wesentlich elastischer, die Placenta wurde als Eiweißspeicher nicht überfordert, und die Geburt erfolgt weniger schmerzhaft und spontaner. Inzwischen können wir auf einige solcher Geburten zurückblicken, und wir sind jedesmal überrascht, wie gut sich die Frauen während einer Schwangerschaft fühlen und vor allem wie leicht die Kinder zur Welt kommen.

Die Kinder sind im übrigen weitaus seltener einem Geburtstrauma ausgesetzt, als andere, deren Geburt sich über Stunden hinzieht. Ein Gynäkologe, der dies vor Jahren erkannt hat und den Kindern zu einer »sanften Landung« auf unserer Erde verhilft, ist Dr. Goos. Von ihm gibt es eine Kassette, die bei der Gesellschaft für Gesundheitsberatung e. V. in Lahnstein bezogen werden kann.* Adressen von Frauen, die sich während der Schwangerschaft mit Frischkost ernährten und eine Hausgeburt gemacht haben, können Sie anfordern vom Institut für Biologische Medizin und Angewandte Ernährungstherapie, Niedere Str. 24, 7730 VS-Villingen, Tel. 0 77 21 / 45 03.

Sport und Rohkost

Da die meisten Sportarten auf Kraft und Ausdauer ausgelegt sind, wird von wissenschaftlicher Seite immer wieder empfohlen, tierische Produkte und Kohlenhydrate zu essen. Zwar ist inzwischen die Theorie überholt, Steak und Salat stellen ein gesundes Sportleressen dar, doch wenn wir zur Kenntnis nehmen, welchen Boom gerade Nährstoffergänzungen, Mineraldrinks und Muskelaufbaupräparate erleben, haben wir erheblichen Zweifel, daß sporttreibende Menschen über ein gesundes Eßverhalten verfügen. Auch hier erkannte die Industrie einen potentiellen Markt. Wie so oft, zeigt dieses Beispiel, welch glänzendes Geschäft mit der Dummheit anderer zu machen ist.

Grundsätzlich gilt für alle Sportarten, daß eine gesunde Ernährung die Leistungsfähigkeit erheblich steigert und sich die Verletzungsgefahr deutlich verringert, falls sie nicht gerade durch Fremdeinwirkung verursacht wird. Eine falsche Ernährungsweise führt u. a. zu Muskel- und Sehnenschäden z. B. durch hochgradig übersäuertes Gewebe, Knochenfrakturen bei entmineralisierten Knochen etc. Eine gesunde Ernährung fragt zuerst nach dem Vitalstoffgehalt, nach ihrem energetischen Wert und nach dem

---

* erhältlich auch beim »N und G«-Leserservice Eberhard Cölle, Postfach 70 01 18, 7000 Stuttgart 70 (Preis der Kassette z. Zt. DM 20,–)

optimalsten Verstoffwechselungsgrad. Entscheidend ist auch hier die biologische Wertigkeit und nicht der kalorische Wert. Natürliche Lebensmittel mit ihren Grundnährstoffen Eiweiß, Fett und Kohlenhydraten, sowie ihrem hohen Anteil an Vitaminen, Mineralstoffen, Spurenelementen und Faserstoffen, besitzen eine viel höhere biologische Wertigkeit als isolierte Nahrungsmittel, Nahrungsmittelkonzentrate oder Nahrungspräparate.

Ferner müssen wir uns davon freimachen, daß der Kaloriengehalt einer Nahrung gleichzusetzen ist mit ihrer biologischen Wertigkeit. Ein Beispiel möge dies verdeutlichen:

100 g Zucker enthält 349 Kalorien, der Vitalstoffgehalt aber ist gleich null! 100 g Weizen enthält 300 Kalorien, der Vitalstoffgehalt aber beträgt 100%!

Die schnelle »Energie«, die dem Körper mittels Zuckerpräparaten zugeführt wird, bringt nur scheinbar eine Leistungssteigerung. In Wirklichkeit ist die Energieausnutzung für den Organismus unbedeutend; im Gegenteil: er muß erhebliche Energiereserven mobilisieren, seine Vitalstoffreserven aktivieren, damit der isolierte Zucker verstoffwechselt werden kann. Das »Aufputschen« des Sportlers mit zuckerhaltigen Nahrungsmitteln führt kurz über lang immer zu einem Leistungseinbruch. Werden die Kohlenhydrate allerdings in Form eines ganzheitlichen Lebensmittels zugeführt, bedeutet dies für den Sportler einen optimalen Leistungsgewinn. Viele namhafte Spitzensportler haben dies erkannt. Sie legen großen Wert auf die VOLLWERTIGKEIT der Nahrung und bleiben über ihre sportliche Zeit hinaus gesund und leistungsfähig.

Diese Sportler haben auch mit einem anderen ernährungswissenschaftlichen Dogma gebrochen, welches besagt, daß tierische Produkte eine optimale Eiweißquelle sind. Bekanntermaßen verursachen der Genuß von Fleisch, Wurst, Käse und ähnlichen Produkten eine starke Übersäuerung des Gewebes. Und das bedeutet stets eine schlechte Sauerstoffversorgung der Zelle. Damit wird die Stoffwechselaktivität der Zellen erheblich reduziert, die Zellatmung nimmt ab. Dies kann sich logischerweise nicht positiv auf die Leistungsfähigkeit auswirken. Pflanzliches Eiweiß wird dagegen basisch verstoffwechselt, mit der Folge, daß die Zellatmung angeregt wird und somit eine deutliche Leistungssteigerung zu erzielen ist.

Eine Marathonläuferin konnte in einem Jahr ihre Laufzeit um 5 Minuten im Durchschnitt verbessern, nachdem sie ihre Ernährung auf frischkostbetonte Vollwertkost umgestellt hatte, bei Vermeidung sämtlicher tierischer Produkte.

Vegetabile Kost löst auch automatisch die Fettfrage. Pflanzenfett mit seinem hohen Anteil ungesättigter Fettsäuren aktiviert den Stoffwechsel und hebt das energetische Körperniveau, während Tierfett mit seinem hohen Anteil an gesättigten Fettsäuren (Ausnahme: Butter) den Stoffwechsel blockiert und die Zellatmung senkt.

Diese Erkenntnisse sind inzwischen wissenschaftlich erwiesen, doch leider in Sportlerkreisen noch viel zu wenig bekannt.

Spurenelemente und Rohkost
Durch intensive Forschungsarbeiten auf dem Gebiet der orthomolekularen Medizin gelang es in den letzten Jahren, viele Geheimnisse der Spurenelemente zu lüften. Die Bedeutung einzelner Elemente für den menschlichen Organismus wurden immer mehr erarbeitet, und trotzdem bleiben noch viele Fragen offen. Vor allem auch deswegen,

weil man gesehen hat, daß das isolierte Betrachten und Bewerten eines Spurenelementes wenig aussagt, sind die Wirkungen doch immer im Gesamtverband zu beurteilen. Zu diesen Erkenntnissen kam in den 40er Jahren dieses Jahrhunderts Prof. Kollath über seine Fütterungsversuche mit Tieren.

Er stellte fest, daß das Vermeiden eines Elementes in der Nahrung keine typischen Mangelerscheinungen nach sich zieht, genauso wenig hilft das isolierte Zuführen eines einzelnen Spurenelementes, den Mangel zu beheben.

Somit stoßen wir sehr schnell an therapeutische Grenzen, wenn wir z. B. einen Spurenelementmangel durch Zufuhr des betreffenden Elementes beheben wollen. Beseitigen wir hingegen die Ursache des Mangels an Spurenelementen, also u. a. Fehlernährung, Rauchen, Medikamente (Pille), können wir auf sehr einfache Art einen Ausgleich schaffen. Die häufigste Unterversorgung haben wir an Zink, Selen, Mangan und Molybdän.

Die vegane Rohkost garantiert mit ihrem Vitalstoffreichtum eine optimale Versorgung mit allen essentiellen Spurenelementen. Vorhandene Resorptionsstörungen, bedingt durch Enzymmangel und Dysbiose des Darmes, müssen zuerst beseitigt werden. Hilfreiche Erkennungsmethoden für einen Mangel an Spurenelementen sind die Blut-, Haar- und Urinmineralanalyse. Die Haarmineralanalyse ist hier von effektivster Aussage, da sie die Gewebesituation widerspiegelt und einfach durchzuführen ist. Ferner werden neben den Spurenelementen auch die Mineralstoffe und Schwermetalle erfaßt. Schwermetallbelastungen führen oft zu einem erheblichen Spurenelementmangel. Wer sich umfassender zu diesem Thema informieren möchte, sollte folgende leichtverständliche Bücher lesen:

Lothar Burgerstein: Heilwirkungen von Nährstoffen
Eleonore Blaurock-Busch: Mineralstoffe und Spurenelemente und deren Bedeutung in der Haar-Mineralien-Analyse.

Stoffwechsel und Ernährung
Nichts ist so schwierig wie eine Definition des Begriffs »Stoffwechsel«. Die Medizin macht es sich recht einfach, indem sie sich lediglich an die Erkenntnisse hält, daß es drei Grundnährstoffe zu verstoffwechseln gibt, nämlich Eiweiß, Fett und Kohlenhydrate. Somit gibt es einen Eiweißstoffwechsel, einen Fettstoffwechsel und einen Kohlenhydratstoffwechsel. Diese Stoffwechselvorgänge sind auch hinreichend bekannt, ebenso ihre Störungen. Folglich gibt es bei Krankheiten Störungen im Eiweißstoffwechsel, im Fettstoffwechsel und im Kohlenhydratstoffwechsel.

Doch sind die Dinge wirklich so einfach? Mit Sicherheit nicht! Den Diabetes ganz einfach als eine Störung im Kohlenhydratstoffwechsel zu definieren, stimmt nur oberflächlich. Denn Diabetes ist nur zu einem geringen Teil ein Kohlenhydratproblem. Und bei hohen Blutfettwerten gleich eine Störung im Fettstoffwechsel zu vermuten, ist ebenso oberflächlich und irreführend.

Wissen wir doch heute, daß der Überkonsum tierischer Produkte wesentlich mehr zur Diabetesentstehung beiträgt als der Genuß von Kohlenhydraten.

Wissen wir doch ebenso, daß die Zufuhr von Nahrungscholesterin keinen Einfluß auf das Blutcholesterin hat.

Wie soll sich hier der Laie noch zurechtfinden? Ganz einfach: Stoffwechsel bedeutet die Summe aller Leistungen, die der Organismus zur Gewinnung von Energie auf-

wendet, um die mit der Nahrung aufgenommenen Nährstoffe optimal zu verarbeiten. Je natürlicher die Nahrung
zugeführt wird, umso höher der Energiegewinn. Je denatu-
rierter die Nahrung, desto geringer der Energiegewinn.
Stoffwechselvorgänge laufen niemals isoliert ab, sondern
sie sind stets der jeweiligen Nahrung angepaßt. Hilfsstoffe,
die der Stoffwechsel zur optimalen Verwertung braucht
(= Vitamine, Mineralstoffe, Fermente und Spurenelemente), müssen mit der Nahrung ausreichend zugeführt werden, damit die Verstoffwechselung der Grundnährstoffe
Eiweiß, Fett und Kohlenhydrate störungsfrei vonstatten
gehen kann. Die heutige Zivilisationskost belastet alle
Stoffwechselvorgänge auf das äußerste. Ihre Vitalstoff-
armut stellt eine ständige Gefahr für den Organismus dar
und ist die Ursache vieler Stoffwechselentgleisungen und
damit der Zivilisationskrankheiten wie Allergie, Rheuma,
Diabetes und Krebs.

So betrachtet, sind alle allergischen Erkrankungen zu-
gleich auch Stoffwechselkrankheiten! Die Auswirkungen
von mangelnder Stoffwechselleistung betreffen sowohl das
Hormonsystem als auch unser Immunsystem, letztendlich den gesamten Organismus.

Fehlernährung müssen wir heute wirklich als Krankheitsfaktor Nr. 1 bezeichnen. Wer dies nicht erkennt, wird
weiter an all den Symptomen herumdoktern; vor allem: er
wird nie Heilung erfahren! Prof. Dr. Schöpf von der derma-
tologischen Unihautklinik in Freiburg hatte sich 1989 bei
einem Vortrag in Villingen vor Dermatologen in überheb-
licher Weise über die Aussage lustig gemacht, Neurodermitis sei eine Stoffwechselkrankheit; »Sich gesund zu
ernähren, sei zwar ganz nett, aber Allergien mit Ernährung zu behandeln, sei geradezu lächerlich! Sein Weg sei
nach wie vor die lokale Behandlung der Haut und die

Allergenvermeidung. Cortison sei oft das Mittel der Wahl ...«!

Über 6000 Patienten, die mit Ernährungstherapie und Ganzheitsmedizin behandelt wurden, denken inzwischen anders. Sie hatten der Schulmedizin den Rücken gekehrt, weil sie das ständige Schmieren, Schmieren und immer wieder Schmieren mit Salben satt hatten. Weil juckreizstillende Präparate sie benebelten und apathisch werden ließen, weil sie die Schäden durch die ständige Anwendung von cortisonhaltigen Salben nicht mehr ertragen wollten, weil sie sich verlassen fühlten. Sie konnten nicht darüber lachen, wenn es bewiesenermaßen heißt, Allergie sei eine Stoffwechselkrankheit. Dank dieser Erkenntnis haben fast alle ihre Krankheit überwunden oder zumindest sehr auffallend gelindert. Diese leidgeplagten Betroffenen sind nicht mehr abhängig von Salben, Cortison, Antihistaminika und Klimakuren.

Vitamine und Rohkost

Die Literatur über Bedeutung, Wirksamkeit und Vorkommen der Vitamine ist überwältigend, und täglich kommt neues Wissen hinzu. Auch daß der Verzehr von Obst, Salaten und Gemüse wesentlich zur Deckung des Vitaminbedarfs beiträgt, ist hinlänglich bekannt, so daß wir uns hauptsächlich mit dem typischen Problem der Vitaminversorgung bei veganer Rohkost auseinandersetzen wollen.

Vitamin	Enthalten in
A	Möhren, Spinat, Grünkohl, Petersilie, Tomaten, Orangen, Papaya (Vitamin A kommt in diesen Lebensmitteln nur als Provitamin A, einer Vorstufe des Vitamins A als Carotin vor).
D	Speisepilze (Die Vitamine D_2 und D_3 entstehen aus ihren Provitaminen durch die UV-Strahlung des Sonnenlichts. D-Vitamine sind im eigentlichen Sinne keine Vitamine, sondern Hormone [Lit.: Physiolog. Chemie-Löffler et al.]).
E	Getreide, Obst, Gemüse
K	Grün-Blattgemüse, Bohnen, Spinat
C	Brennessel, Paprika, Tomaten, Zitronen, Rosenkohl, Hagebutten, Acerola u. v. m.
B_1	Getreide, Hefe, Hülsenfrüchte
B_2	Getreide, Nüsse, Pilze, Avocado
B_6	Getreide, Hülsenfrüchte, Blattgemüse, Nüsse
B_{12}	Physalis (brasilianische Stachelbeere), Sauerkraut, Sojakeimlinge
Niacin	Mais, Orangen
Biotin	Soja, Getreide, Nüsse
Panthotensäure	in allen pflanzl. Lebensmitteln
Folsäure	Leguminosen, Weizen, Tomaten

Einer der häufigsten Einwände gegen die vegane Rohkost wird mit der mangelnden Zufuhr von Vitamin B_{12} begründet. Völlig zu unrecht, denn eine Zufuhr von außen über die Nahrung ist nämlich nicht zwingend notwendig, da die Darmflora des Menschen täglich die 7fache Menge des tatsächlich gebrauchten Vitamin B_{12} produziert. Will man sich auf diese Aussage nicht verlassen, stellt es im übrigen kein Problem dar, über Pflanzenkost B_{12} zuzuführen: Sämtliches milchsauer eingelegte Gemüse enthält B_{12}. Die Milchsäuregärung, ein uraltes, natürliches Konservierungsverfahren, sollte heute unbedingt wieder an Bedeutung gewinnen, da es zum einen ein einfaches Verfahren ist, Gemüse haltbar zu machen, zum anderen stellt es aufgrund der enzymatischen Prozesse ein wertvolles, hochbiologisches Lebensmittel dar. Allerdings sind milchsauer vergorene Produkte, die nachträglich pasteurisiert werden, weniger wertvoll.

Also, lassen Sie sich durch die Vitamin B_{12} – Diskussion nicht verunsichern. Haben Sie Vertrauen in die Natur!

Zähne und Rohkost
98% aller 10jährigen deutschen Kinder haben Karies, und ca. 70% brauchen Zahnkorrekturen durch Spangen und andere kieferorthopädische Maßnahmen. Gebißanomalien, Zahnfehlstellungen und Karies sind deutliche Zeichen einer Fehlernährung vorausgegangener Generationen. Unsere Kinder, Hauptkonsumenten einer gesundheitsschädigenden Zuckerindustrie, sind die Hauptopfer. Milliardengewinne haben Priorität vor Volksgesundheit. Die entstandenen Schäden können nur durch aufwendige, teure Verfahren behoben werden. Während sich viele an-

dere Krankheiten noch durch Rohkost bessern, ist dies bei Zahnkrankheiten kaum der Fall. Hier kann die pflanzliche Frischkost nur prophylaktischen Wert haben. Ein Wert, der sich voraussichtlich erst nach Generationen auswirkt.

Eine Prophylaxe von Zahnkrankheiten mit Fluoriden zu betreiben, scheint unsinnig und bleibt völlig wirkungslos. Im Gegenteil: das Zell- und Enzymgift Natriumfluorid wirkt hemmend auf Enzyme, verändert Chromosome und fördert das Krebswachstum. Vor D-Fluoretten, fluoridierter Zahncreme und sonstigen fluoridierten Substanzen muß eindrücklich gewarnt werden. Wer mehr darüber wissen möchte, lese das Buch von Dr. M. O. Bruker: »Vorsicht Fluor«.

Die Zähne der Kinder sind häufig schon von der Anlage her demineralisiert. Dies zeigt den Sachverhalt einer mangelnden Vitalstoffversorgung vor, während und nach der Schwangerschaft auf. Viel Aufklärungsarbeit liegt daher noch vor uns!

Vorwort zu den Rezepten

D ie Frischkostrezepte (ab S. 72) sind in der Schwarzwald-Klinik VS-Villingen entstanden, woran das gesamte Küchenteam beteiligt war. Das täglich zu lösende
Problem besteht darin, für die 70 Patienten abwechslungsreiche, leckerschmeckige Vollwertkost zusammenzustel-
len. Weil es bei dieser wertvollen Kostform so gut wie keine Beispiele gab, war ich mit meiner Küchenbrigade gefor-
dert, ganz neue (Rezept)Wege zu gehen. Da auch ernäh-
rungsphysiologische Aspekte in die Kostpläne mit berück-
sichtigt wurden, und weil die vegane Rohkost nach unseren klinischen Erfahrungen die Basistherapie für alle
Allergien ist, haben wir es uns bei der Entwicklung neuer
Rezepte nicht leichtgemacht. Im Gegenteil: In enger Ab-
sprache zwischen Therapeuten und Patienten wurden
notwendige Bestandteile der Kost mit beliebten Menüzu-
sammenstellungen erfragt. Das Ergebnis unserer gemein-
samen Erfahrungen ist nun in diesem Buch aufgezeich-
net.

Damit die Zubereitung der einzelnen Rezepte problemlos möglich wird, sind die Mengenangaben von Obst und
Gemüse in Stück (und nicht in Gramm) gemacht. Da wir
mit natürlichen, lebendigen Zutaten arbeiten, können
manchmal kleine Unterschiede in den Mengen auftreten:
Nicht jede Avocado ist gleich groß, nicht jede Tomate
gleich reif, und nicht jedes Korn ist gleich feingemahlen.
Deshalb kann auch nicht jeder Tomatensalat gleich
schmecken, auch dürften die Gebäcke bzw. ein Dessert
nicht stets die gleiche Konsistenz haben. Doch das tut
dem Geschmack und der Vollwertigkeit meiner Rezepte
keinen Abbruch.

Sie sollten dennoch bei der Zubereitung der veganen Frischkost mit etwas Fingerspitzengefühl vorgehen und die Rezepte ganz nach den Gegebenheiten der Zutaten abwandeln. Das nenne ich kreatives Zubereiten.

Was die Kräuter und Gewürze meiner Rezepte anbelangt – sie sind Vorschläge, mit einem Hinweis: tauschen Sie ruhig das eine gegen das andere Gewürz aus – doch lassen Sie bitte die Gewürze niemals weg, denn sie haben einen bedeutenden Anteil an der Geschmacksgebung der veganen Frischkost. Zur Winterzeit: Wenn keine frischen Kräuter verfügbar sind, können Sie auch mit getrockneter Ware vorliebnehmen.

Bei der Zubereitung der Frischkost werden Sie einige Gerätschaften benötigen, die Sie höchstwahrscheinlich früher nicht so oft bzw. bislang gar nicht in Gebrauch hatten. Doch ohne diese Dinge werden meine Rezepte kaum gelingen. Sie benötigen daher:

– Getreidemühle:	Wird gebraucht zum Getreide schroten für Müsli bzw. zum Getreide mahlen (feinst) für Brot und Plätzchen
– Mixerbecher oder Pürierstab:	Für Salatsaucen, Fruchtpüree, Desserts und zum Aufmixen der Aufstriche
– Moulinette:	Fürs Zerkleinern von Nüssen, Ölsaaten und Trockenobst; zum Zubereiten von Desserts, Marmeladen oder Energiebällchen
– Gemüsewolf	(baugleich mit einem Fleischwolf): Zum Herstellen von Getreideplätzchen und Gemüsefüllungen.

Nun können Sie mit Lust und Laune an die Rezepte gehen. Auch wenn die Zusammenstellung auf den ersten Blick reichlich exotisch erscheint, bitte ich Sie, meinen Zubereitungsvorschlägen zu folgen. Probieren Sie's einfach mal aus! Denn nur durch den hohen Anteil abwechslungsreicher, leckerschmeckiger Frischkost bei Ihrer täglichen Nahrungsaufnahme beeinflussen Sie Ihre Gesundheit in eigener Verantwortung.

Hubert Hohler, VS-Villingen

Beginn der Rezepte ab Seite 72
[Vorab: Farbtafeln]

Der »Hahn im Korbe« – Hubert Hohler und seine Küchen-Brigade. Mit dieser hochmotivierten, fröhlichen Schar wurden ganz neue (Rezepte-) Wege gegangen. Das Ergebnis ist die leckerschmeckige, vegane Rohkost. (Foto: Helmix, November 1991)

46

Die vegane Welt der alten Mayas

Zum Vorteil für jeden:
Vegane Rohkost –

Von den Mayas können wir eine ganze Menge lernen! [Abb. Farbtafel 1, Seite 50]

Anmerkungen zum Thema: »Ernährungstherapie alter Kulturen«

Das Titelbild dieses Buches möchte uns die Prinzipien einer basischen Kostform näherbringen, wie sie uns als wesentlicher Bestandteil einer Ernährungstherapie der Mayas überliefert ist. Die Abbildung gehört zum Titel des Buches: »Guía de Alimentación Natural – Principios Basicos« (= Grundlegender Ratgeber der Naturkost), das leider nur in spanischer Sprache erschienen ist. Die Autoren gehen darin auf die basenreiche Kost und speziell auf die Ernährungstherapie der Mayas ein. Aus historischer Sicht stehen sie damit nicht allein, im Gegenteil: Die vegetabile Kost hat eine lange Tradition. Aus indischer, ägyptischer, chinesischer, griechischer und hebräischer Kultur sind uns zahlreiche Zeugnisse bekannt, wie sehr eine pflanzliche Kost mit der Gesunderhaltung des Menschen verbunden ist. Die bekanntesten Verfechter waren Hippokrates, Mahatma Gandhi, Jesus Christus, Zarathustra, Buddha und aus neuester Zeit Goethe, Gerhart Hauptmann und Lew Tolstoi. Angeführt werden ethische, religiöse und vor allem gesundheitliche Gründe, die deswegen so überzeugend sind, weil sie in verschiedenen Kulturen und über Kontinente hinweg verbreitet bleiben. So wußten selbst die Priester der sagenumwobenen Mayas davon, sowie die religiösen Schichten Ägyptens, Persiens, Indiens und der fernen asiatischen Gebiete. Es würde dem Wesen dieser Kulturen nicht gerecht, wenn deren Ernährungsweise nur materielle Bedürfnisbefriedigung wider-

48

spiegelte. Diese Menschen wußten, daß die Ernährung ganzheitlich zu sehen ist und sich in allen 7 Seinsebenen manifestiert: Empfindungsleib, Empfindungsseele, Emotio, Inspiration, Intuition, Atma und Bhudi. Die Schwingungen der Nahrung durchbrechen die rein materielle Hülle des Organismus und beeinflussen Äther- und Astralleib bis hin zu den 7 Chakras (= Energiezentren).

Aus diesen Überlegungen heraus wurde in die Mitte des Titelbildes eine Blume mit 7 Blütenblättern gezeichnet. Die Blüte symbolisiert das »allumfassende Zentrum«, die geistige Dimension von lebendiger Nahrung. Die Schwingungen und Lebenskräfte, welche dem Zentrum am nächsten stehen, sind Früchte. Ihre reinigende, aufbauende und erneuernde Wirkung machen wir uns in der Ernährungstherapie immer wieder zunutze: In keinem Lebensmittel ist die Sonnenenergie so geballt gespeichert wie in sonnengereiften Früchten.

Die Früchte wiederum sind von dem schmalen Band der Samen und Nüsse umgeben; letztere ergänzen mit ihren nahrhaften Inhaltsstoffen die Früchte; sie sollten jedoch innerhalb der Frischkost nur etwa 10% der Gesamtnahrung ausmachen.

Beherrscht wird das Bild von dem breiten Band der Gemüsearten. Ihre Vielfalt sollte auch für uns Anlaß sein, sie jahreszeitgemäß und abwechslungsreich zubereitet zu berücksichtigen – enthalten sie doch die für unser Leben so wichtigen Wirkstoffe wie Eiweiß zum Aufbau neuer Zellen, Chlorophyll zur Erneuerung unseres Blutes, ferner all die bekannten Vitalstoffe und lebenswichtigen Mineralien.

Ganz am Rande des Kreises (= der Pflanzenwelt) entdecken wir das Getreide. Unser Kulturgetreide hat viele Kulturen mit aufbauen helfen, und ohne Reis, Mais, Weizen, Hafer, Gerste, Roggen und Hirse (= 7 Getreide) wäre manches Leben auf dieser Erde nicht möglich. Das Urgetreide enthält alle zum Leben notwendigen Stoffe.

Dennoch, vor allem aufgrund der heute überzüchteten (= minderwertigen) Getreidearten, spielen diese Graspflanzen im Rahmen einer gesunden Frischkost eine nur mittelwichtige Rolle.

Immer wieder dürfen wir ehrfürchtig die Genialität der Natur erkennen. Einfach und klar steht die Pflanzenkost seit tausend Generationen für die Kultur des Menschen da. Wir waren auf dem Irrweg und haben den Kontakt zu den Pflanzen fast verloren – nun ist es an der Zeit, uns der ihnen innewohnenden Kräfte zu bedienen. Dieses Buch macht einen praxisbezogenen Anfang.

Zum Vorteil für jeden: Müsli

**... das Müsli am Morgen
vertreibt Kummer und Sorgen!**

Das Müsli am Morgen bildet den vitalen Anfang für jeden Tag. Es läßt sich täglich abwechslungsreich gestalten, indem Sie die verschiedenen Getreidesorten mal so oder anders zubereiten: geschrotet und eingeweicht, oder das ganze Korn geweicht, oder in 2–3 Tagen keimen lassen, oder frisch geflockt. Je abwechslungsreicher, desto besser!

Hafer, Dinkel und Gerste lassen sich gut flocken, wobei Dinkel und Gerste ca. 20 Min. vorher kurz mit Wasser benetzt werden sollten (in einem Haarsieb abtropfen lassen).

Zum Schroten sind Gerste, Dinkel, Roggen und Weizen optimal geeignet – diese Getreidesorten sollten Sie am besten über Nacht einweichen (frisch schroten, mit so viel bzw. so wenig Wasser in eine Schüssel geben, daß später nichts weggegossen werden muß).

Ungeschrotet belassen (also ganz) und ebenfalls über Nacht eingeweicht, schmecken Hirse und Buchweizen sehr gut (bei Buchweizen vermeiden Sie dadurch ein unansehnliches Schleimen dieses Knöterichgewächses, das bekanntlich kein Getreide ist).

Gekeimt werden können folgende Körner: Weizen, Dinkel, Roggen, Buchweizen und Hirse; bei Gerste und Hafer ist dieses etwas problematisch (auch hier der wichtige Hinweis: Nehmen Sie grundsätzlich nur Körner aus kontrolliert ökologischen Anbau! Gerade bei Keimgut macht sich eine hohe Qualität bemerkbar).

Andere Varianten bietet natürlich das Obst, wobei Apfel oder Birne meist den Grundstock bilden und versch. Beeren mit weiterem Obst der Saison zur geschmacklichen Vielfalt beitragen. Um das Müsli abzurunden, werden Bananen, Wasser und etwas Mandelmus aufgemixt und unter das geschnittene oder geraffelte Obst gehoben.

In der Haupterntezeit (z. B. bei Erdbeeren, Pfirsich oder Aprikosen) läßt sich auch aus anderen reifen Früchten eine cremige Sauce herstellen, die dann den Bananenmix ersetzt.

◄ **Abbildung siehe Farbtafel I/Müsli**

Zum Vorteil für jeden: Salate

... Salat brauchst du zu jeder Zeit,
bei Husten und bei Heiserkeit.

Salate nehmen den größten Anteil innerhalb der veganen Rohkost ein. Durch ein sinnvolles Kombinieren mit den verschiedensten Gemüse- und Obstsorten einerseits und den leckersten, variationsreichen Saucen andererseits, lassen sich immer wieder neue Salate zusammenstellen.

Beim Einkauf sollten Sie darauf achten (und das gilt für alle vollwertigen Lebensmittel), daß aus kontrolliertem Ökoanbau, vollreif und so frisch wie möglich, erworben wird. Sie dürfen es mir ruhig glauben: nur wenn diese Punkte konsequent beachtet werden, sind die Voraussetzungen für die leckerschmeckige Salatkost gegeben.

Ein Hinweis bei der Zubereitung: Schälen Sie nur das Obst und Gemüse, das das verlangt, z. B. Spargel oder Avocado. Meist wird viel zu schnell und viel zu oft geschält (dabei vernichten Sie die wertvollen Vitalstoffe unterhalb der Haut; und evtl. Schadstoffe sind meist mittendrin und beileibe nicht nur unter der Haut!). Alle Zutaten gut und handwarm waschen, evtl. eine Gemüsebürste verwenden, z. B. bei Möhren, Kohlrabi oder Roten Bete.

Bei meinen Rezepten werden Sie einige Zutaten (vor allem bei den Saucen) vermissen, die Sie sonst gewohnt sind. Das hat seinen guten Grund, weil wir aus der Praxis für die Praxis die Erfahrung machen mußten, daß nach ihrem Verzehr vermehrt allergische Reaktionen auftraten. Dagegen werden bestimmte Zutaten empfohlen, die leckerschmeckig sind, und die Sie bestimmt mit Begeisterung neu akzeptieren können.

Für die Salatsaucen ist ein Mixerglas oder Pürierstab sehr hilfreich; damit lassen sich alle Zutaten bequem aufmixen, und das Geschmackserlebnis steigt.

Der Geschmack der Saucen wird sehr von Kräutern bestimmt; deshalb empfehle ich möglichst frische Küchenkräuter. In den Wintermonaten können Sie dann getrocknete Kräuter nehmen – oder Sie holen Ihre Vorräte aus der Tiefkühltruhe.

Abbildung siehe Farbtafel II/Salate ▶

Zum Vorteil für jeden: Gemüse-Spezialitäten und Suppen

... so nötig wie die Braut zur Trauung
ist das Gemüs' für die Verdauung.

Es muß nicht immer Salat sein! Denn aus Gemüse und Obst lassen sich noch ganz andere Speisen zubereiten, die Ihnen Geschmacksvielfalt und Genußfreude bringen.

Um dem schnöden Salat-Alltag zu entfliehen, können Sie sich eine angewärmte Pizza oder Grünkernplätzchen in den Backofen schieben. Doch aufgepaßt: Um das Kriterium der veganen Rohkost bzw. Frischkost einzuhalten, darf die Ofentemperatur nicht höher als 60 °C betragen, damit sich das Gargut im Inneren nicht höher als 40 °C erwärmt. Damit ist dann gewährleistet, daß sich das natürliche Eiweiß nicht denaturiert und die anderen wertvollen Inhaltsstoffe (z. B. Enzyme und weitere Vitalstoffe) keinen Schaden erleiden. Und das Aroma dieser Fladengerichte ist einzigartig!

Doch auch Suppen sind eine Bereicherung innerhalb Ihres Speiseplanes. Wirklich, eine raffiniert gewürzte Tomaten- oder Gurkensuppe stellt ihre gekochte Alternative leicht in den Schatten!

◄ **Abbildung siehe Farbtafel III/Gemüse-Spezialitäten und Suppen**

Zum Vorteil für jeden: leckerschmeckige Desserts

**... der Mensch lebt nicht vom Brot allein,
es muß auch was zum Naschen sein.**

E s ist eine Tatsache, die wir hinnehmen müssen: Mit keinem anderen Grundlebensmittel werden wir derart verschwenderisch bzw. geizig versorgt: dem Obst. Je nach Jahreszeit, ist es mal verschwenderisch, mal garnicht vorhanden. So kommt es, daß wir uns im Sommer und Herbst kaum entscheiden können, welches Obst zu verwenden sei und was man aus dem reichhaltigen Angebot alles zubereiten kann.

In dieser sonnigen Zeit können Exoten und Südfrüchte mit Ausnahme der Banane vom Speiseplan gestrichen werden. Denn heimische Früchte, die vollreif geerntet und frisch zubereitet werden, sind selbstverständlich qualitativ und ernährungsphysiologisch wertvoller als Exoten, die bekanntlich in unreifem Zustand abgeerntet werden müssen und eine lange Seereise hinter sich haben, bevor sie bei uns eintreffen. Allerdings gibt es jetzt schon exotische Früchte, die ökologisch angebaut werden und in reifem Zustand per Luftfracht bei uns eintreffen – wenn wir es hinnehmen, einen guten Aufpreis dafür zu zahlen.

Im Winter und Frühling gibt es daher zu den Exoten und Südfrüchten kaum eine Alternative, so daß ich immer nur wieder empfehlen kann, sie in diesen Zeiten in der Vollwertküche einzusetzen.

Die Banane nimmt ganzjährig eine besondere Stellung ein. Denn um leckerschmeckige, bindefähige Cremes und Puddings herzustellen, wird die Banane als Basisfrucht und natürliche Süße reichlich verwendet. Auch Eis und Fruchtsaucen werden mit der Banane cremiger zubereitet.

Wo in der konventionellen Küche »naturidentische« (= künstliche) Aromastoffe verwendet werden, geben wir innerhalb der veganen Rohkost den Desserts geschmackvolle Früchte und Nüsse bei. Das bringt neben einem viel besseren Geschmack gleichzeitig zusätzliche (lebensnotwendige) Nähr- und Vitalstoffe. Es sei nur an die mehrfach ungesättigten Fettsäuren, an Vitamine, Aromastoffe und bestimmte Enzyme erinnert.

Abbildung siehe Farbtafel IV/Desserts ▶

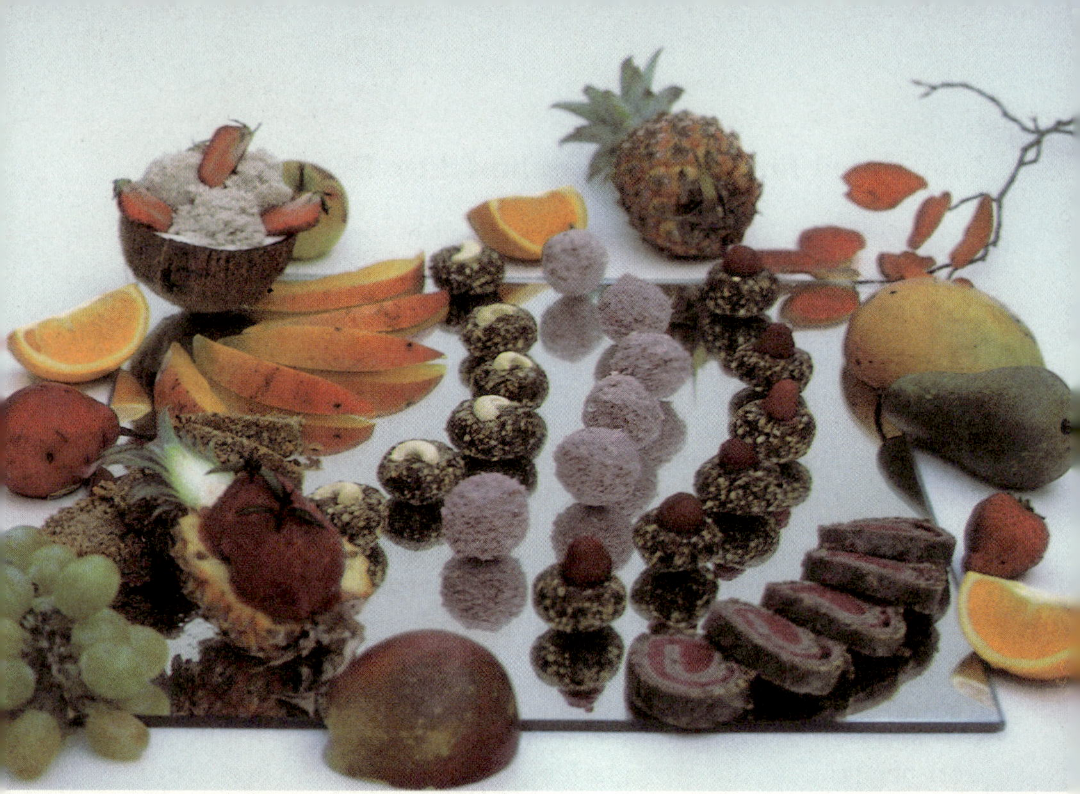

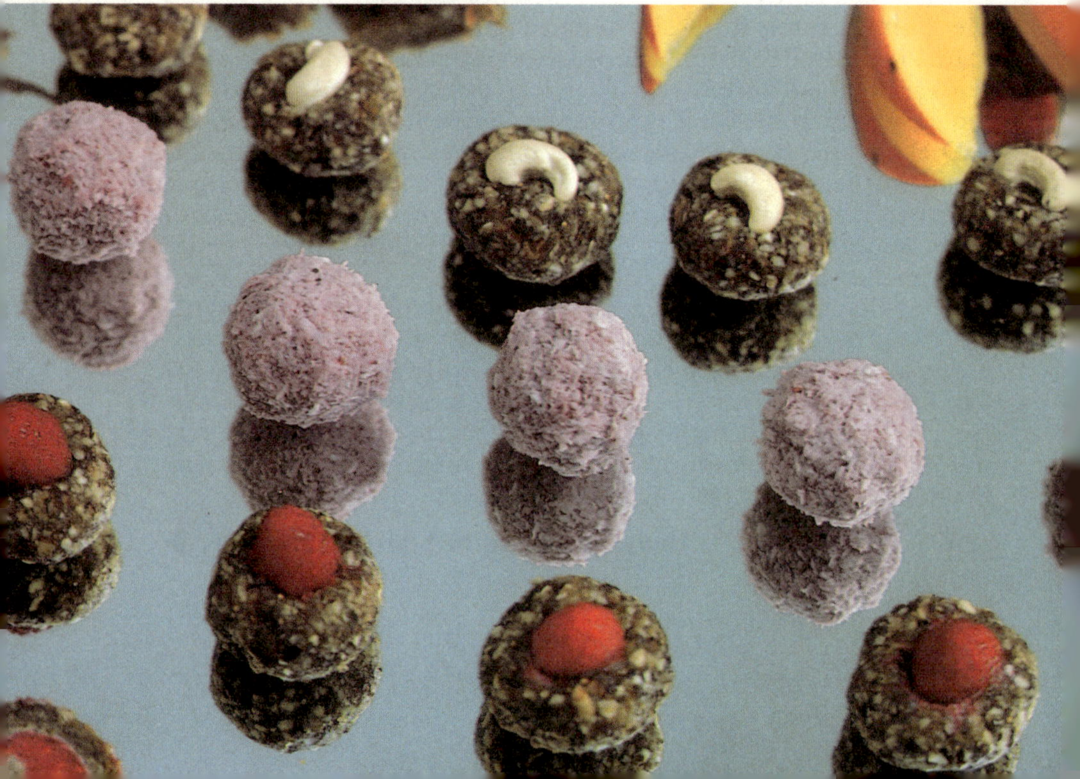

Zum Vorteil für jeden: Brot und Gebäck

> ... Herr, laß mich fasten dann und wann,
> satt sein macht stumpf und träge.
> Und gib mir Brot für Frau und Mann,
> Korn hält die Kräfte rege!

Auch Brot und Gebäck lassen sich nach den Richtlinien der veganen Frischkost herstellen. Wie schon bei den Gemüsespezialitäten (angewärmte Pizza) erwähnt, sollte die Ofentemperatur unter 60 °C bleiben. Es ist bekannt, daß dann die Innentemperatur der Gebäcke bei 40 °C bleibt.

Um bei diesen niedrigen Temperaturen »echtes Brot« backen zu können, kommen wir auf die wahre Urform des Brotes zurück: Fladenbrot! Diese Brotart ist in Frühzeiten der menschlichen Kultur entwickelt worden. Von der Gemeinschaft der Essener ist bekannt, daß sie Getreide mahlten, mit Wasser mischten und diesen Brei als Fladenbrot in der Sonne trockneten.

Eintönigkeit braucht auch beim getrockneten Brot nicht aufzukommen! Durch die Verwendung der verschiedenen Getreide und die Zugabe von Kräutern, Ölsaaten oder Trockenobst kann jede Geschmacksrichtung voll angesprochen werden.

In jedem Brot sollten mindestens zwei Getreidesorten enthalten sein, um das hochwertige Eiweiß für den menschlichen Organismus voll zugänglich zu machen. Bei der Teigführung mit Vollkornmehl sollten Sie stets daran denken, daß erst durch längeres Kneten (meist 10 Min.) der Kleber der Getreides aufgeschlossen wird und der Teig erst danach optimal weiterverarbeitet werden kann.

Die Trockenzeit der Fladen beträgt ca. 4 Stunden. Je stärker das Brot durchgetrocknet wurde, desto länger läßt es sich aufbewahren (bis zu 5 Tagen).

◀ Abbildung siehe Farbtafel V/Brot und Gebäck

60

Zum Vorteil für jeden: Deftige Aufstriche

... wer gut schmiert, der gut fährt!

Innerhalb der Rezeptgruppe der (Brot-)Aufstriche werden Sie des öfteren auf ein Lebensmittel stoßen, das nicht aus einer Pflanze gewonnen wird: Sauerrahmbutter!

Die Butter ist das einzige tierische Fett/Produkt, das in diesem Ratgeber-Buch als Zutat empfohlen wird. Wir wollen der Butter dieses »Vorrecht« zu Recht zugestehen, da sie nur zu etwa 0,2% Eiweiß enthält. Es sollte jedoch nur Sauerrahmbutter eingekauft werden, da diese z. B. bei Allergien weniger Reaktionen hervorruft.

Eines ist klar: Aus pflanzlichen Rohstoffen lassen sich deftige Aufstriche herstellen – wie meine Rezepte z. B. mit den Zutaten Paprika-Cashew oder Grünkern-Aufstrich erkennen lassen.

Da diese Aufstriche ohne Konservierungsstoffe hergestellt werden und bei der veganen Rohkost auch keine Haltbarmachung durch Erhitzen infrage kommt, lassen sich die Zubereitungen nur etwa 3–4 Tage im Kühlschrank aufbewahren.

Am besten schmecken sie natürlich, wenn sie frisch zubereitet und verzehrt werden.

Abbildung siehe Farbtafel VI/Deftige Aufstriche ▶

Zum Vorteil für jeden: Marmeladen und süße Brotaufstriche

... Marmelade am Abend, erquickend und labend.

Roh gerührte Marmeladen und süße Aufstriche – läuft Ihnen nicht schon bei dem Gedanken daran das Wasser im Mund zusammen? Ein frisches Fladenbrot, mit wenig Butter bestrichen und einer Marmelade »beladen«, die noch ihr ureigenes Aroma und ihre natürliche Süße aufweist ... Das ist leckerschmeckige, vegane Frischkost. Lassen Sie sich von uns verführen!

Marmeladen sind zwar durchaus vegane Brotaufstriche, doch die herkömmliche Zubereitung läßt sich nicht mit den Belangen der unerhitzten, naturgemäßen Frischkost vereinbaren.

Doch auch hier kann ich Ihnen Rezepte anbieten, die ohne isolierten Fabrikzucker kalt gerührt werden, also nicht erhitzt werden müssen. Dafür wird Trockenobst zum Binden und Süßen verwendet.

Die Haltbarkeit dieser Marmeladen liegt bei ca. 1 Woche.

Durch einen Trick können Sie für die Winter- und Frühlingsmonate vorsorgen. Wenn Sie z. B. gerne Erdbeermarmelade essen, können Sie die Früchte portionsweise einfrieren und je nach Bedarf auftauen. Dann bereiten Sie lt. Rezept zu und haben so immer frische Marmelade verfügbar.

Das Trockenobst kann meistens uneingeweicht in der Moulinette (Hackgerät) zerkleinert werden. Sollte es indes zu hart sein, hilft kurzes Einweichen (ca. 10 Min.), und danach läßt es sich problemlos verarbeiten. Das Einweichwasser wird nie weggeschüttet, sondern gilt als »süße Würze« und ist eine ideale Zutat für allerlei Suppen, Desserts oder Salatsaucen.

◀ **Abbildung siehe Farbtafel VII/Marmeladen und Süßes**

Der richtige Weg für eine optimale Ernährungsweise

Welchen Nutzen wir aus der veganen Frischkost ziehen können

Gespräch mit einem »alternativen« Küchenchef

Wer Nahrung zubereitet, ist ein Koch. Das Wort Koch kommt von kochen, also Erhitzen der Nahrung. Wenn ich heute jedoch Herrn Hubert Hohler vorstelle, dann wird innerhalb des Gesprächs bis auf die Berufsausbildung das Wort »Koch« nicht mehr vorkommen. Denn Herr Hohler kocht nicht, er bereitet die Lebensmittel unerhitzt zu. Und das sogar bei Brot, Kleingebäck und raffinierten Desserts, Konfitüren, Brotaufstrichen, Suppen und Speisen aller Art. Hexenwerk? Nein, sondern eine bewußte Auseinandersetzung mit natürlichen und gesunden Zutaten, die in gleicher weise à la «Natürliche Gesundheit« zubereitet werden. Doch lesen Sie selbst, welchen Nutzen die vegane Frisch- oder Rohkost für uns alle haben kann.

Eberhard Cölle

Verlag »Natürlich und Gesund« / Cölle: Herr Hohler, wie verlief — in groben Zügen — eigentlich Ihr beruflicher Werdegang? Mittlerweile sind Sie ja drei Jahrzehnte alt . . .

Hohler: Richtig, ich fühle mich 30 Jahre jung! Nun, ich habe zunächst eine ganz normale Ausbildung zum Koch gemacht, Lehre, Geselle . . . und war fünf Jahre in der üblichen Gastronomie tätig: Also alles »quer durchs Beet, quer durch die Ställe« kochen und zubereiten, was die üblichen Gäste verlangten. Das waren eine Terrine mit Gänseleber oder ganz komplizierte Menüs jeglicher Art. Dann kam meine Ausbildung zum Küchenmeister, und ich war mehrere Jahre in einer ganz normalen, konventionellen Großküche tätig. Und vor 2—3 Jahren hatte ich eine Einsicht.

?: Was war geschehen, wollten Sie nicht länger mehr Schweinefleisch, Trüffel mit Gänseleber oder Schildkrötensuppe zubereiten? Faszinierte Sie plötzlich der Gedanke der Vollwertkost?

!: Die Gründe waren vielschichtig, unter anderem machte mich die ökologische Verschwendung der Nahrungsmittel nachdenklich. Doch ein gewisses »Schlüsselerlebnis« war die Krankheit meines Vaters, der die gesamte Palette der ernährungsbedingten Zivilisationskrankheiten durchmachen muß: Herzinfarkt, 2 Operationen, Bypass, Übergewicht, Dysfunktion der Bauchspeicheldrüse . . . Es ist für mich schwer mit anzusehen, wie mein Vater jetzt im Alter — wo er doch seine Jahre genießen könnte — derart von diesen Krankheitsbildern geprägt ist, daß er kaum noch das

Haus verlassen kann. Sollte ich auch so etwas durchmachen müssen? Ich sah die Zusammenhänge von Ernährung und Krankheit, hörte von naturheilkundlichen Therapien, erfuhr die wesentlichen Grundlagen der Vollwertkost — und wußte auf einmal die Antwort: das ist es, hier folge ich dem richtigen Weg. Ich machte eine Ausbildung zum »diätisch geschulten Koch« (Heidelberg) und ging für einige Zeit an ein Haus am Starnberger See, in dem die

Interview mit »Vegan-Koch« Hubert Hohler

Die vegane Rohkost (tier-eiweißfreie Frischkost) kann leckerschmeckig angerichtet werden und straft alle Vorurteile Lügen, demnach Gesundkost langweilig sein soll: »Meine Rezepte werden jeden begeistern, auch den Nicht-Allergiker, und ich bin sogar der Meinung, daß die vegane Rohkost zukunftsweisend ist und als allgemeine Gesundheitsvorsorge gelten kann.«

Gourmet-Vollwertküche praktiziert wurde. Ja, und nun bin ich seit 1990 Küchenchef an der Schwarzwald-Klinik und setze mich für die vegetarische Frischkost ein.

<u>?</u>: *Wie steht es mit Ihrer praktikablen Berufsbezeichnung speziell hier in Villingen? Denn Koch (von kochen) wäre ja wohl kaum korrekt?*

<u>!</u>: Zunächst darf ich nachtragen, daß ich seit kurzem »Vollwert-Koch« bin und gerade diese Spezialausbildung hinter mir habe. Doch auch in diesem Wort steckt »kochen« drin — das ist an der Schwarzwald-Klinik eine untypische Bezeichnung. Ich bin hier als Küchenchef tätig und hauptsächlich für die Zubereitung aller Frischkostgerichte zuständig. Weil es auf diesem Gebiet kaum Beispiele gibt, bemühe ich mich ständig um neue Rezepte und halte 2x wöchentlich Praxisvorträge. Unterstützt werde ich durch die hochmotivierte und bestens ausgebildete Küchenbrigade »vor Ort«.

<u>?</u>: *Warum die vegane Rohkost?*

<u>!</u>: Sie ist eine optimale Ernährung des Menschen und gilt als die wohl natürlichste Kostform überhaupt. Für mich heißt vegane Rohkost auch = vorbeugende Gesundheitspflege. Aus der Rohkost kann jeder viel mehr aus seinem bzw. für seinen Körper herausholen. Man fühlt sich einfach besser und leistungsfähiger.

Und was die Ernährungstherapie an der Schwarzwald-Klinik betrifft: Wir haben hier viele Allergiekranke, und weil diese ganz ohne Cortison behandelt werden, können wir durch die vegane Rohkost ihr Immunsystem stärken — das geht so-

»Natürliche Gesundheit« sprach mit Hubert Hohler, dem Küchenchef der Villinger Schwarzwald-Klinik: »Mit Kochen hab' ich nichts im Sinn!«

gar bei Neurodermitikern bis zur Heilung der Haut, zumindest werden die Patienten symptomfrei.

<u>?</u>: *Habe ich richtig verstanden: Durch die vegane Frischkost stärken Sie das Immunsystem des Menschen?*

<u>!</u>: Richtig! Die Vitalstoffe, vor allem die Enzyme, die ja in ihrer natürlichen, unerhitzten Form verstoffwechselt werden, geben dem Körper all das, was er zum Zellaufbau und zur Zellerneuerung benötigt.

<u>?</u>: *Worin unterscheidet sich die vegane Rohkost grundsätzlich von der üblichen Vollwert-Ernährung, z. B. nach Leitzmann oder Bruker?*

67

!: Durch die konsequente Vermeidung des tierischen Eiweiß, und daß nichts, wirklich nichts, über 43 °C erhitzt wird.

Erhitzen — das heißt bei uns, daß sogar Brot und Gebäck nur bis 40—43 °C Eigentemperatur erwärmt werden und dadurch keine Vitalstoffe geschädigt sind. Das gilt also vor allem für das pflanzliche Eiweiß im Getreide und Gemüse, das dem Menschen durch unsere Zubereitungsart in nativer Form, also nicht denaturiert, angeboten wird.

?: Wer sich vegane Frischkost zubereitet, sollte bestimmte Dinge bezüglich der Verarbeitungsweise beachten.

!: Die meisten Probleme entstehen beim Versuch, verschiedene Zutaten zu binden, damit sich Speisen oder Gebäck ohne Eier oder Sahne zubereiten lassen, die nicht gleich auseinanderfallen. So binde ich z. B. Puddings und Cremes mit feingemahlenen Nüssen und Trockenkost. Bei der Brotherstellung achte ich auf langes Kneten und die richtige Getreideauswahl, z. B. Dinkel mit seinen ausgezeichneten Klebereigenschaften. Ansonsten verweise ich auf die Rezepte aus meinem neuen Buch.

?: Einen Schwerpunkt bildet Obst, Gemüse, sowie Gemüsefrüchte. Warum so viele Exoten, wie Mango, Papaya oder Bananen?

!: So viele Exoten verwenden wir eigentlich gar nicht — das war evtl. in der Anfangsphase vor 3—4 Jahren der Fall, als die vegane Rohkost noch in den Kinderschuhen steckte.

Die Banane hat für mich überhaupt nichts Exotisches an sich, denn ich setze sie bei Müslis, Desserts, sowie zum Binden für Salatsaucen ein.

?: Stimmen Sie sich, was die Rezeptauswahl anbetrifft, mit den Patienten bzw. Müttern der Kleinkinder ab, damit das Nahrungsangebot besser akzeptiert wird?

!: Von den meisten Patienten wird die vegane Rohkost akzeptiert, wie wir sie hier anbieten. Es wird seitens der Betroffenen ja auch die Notwendigkeit, die Konsequenz, gesehen: Vegane Rohkost als große Chance, den Krankheitsverlauf entscheidend zu bessern. Auch sind viele Patienten überrascht, daß Rohkost nicht nur »Salat und immer wieder Salat« ist, sondern daß man damit tolle Desserts »zaubern« kann. Somit erübrigt sich meistens die Diskussion eines Für und Wider.

?: Gibt es dennoch gewisse Anpassungsschwierigkeiten, was das Ernährungsangebot für Kinder und Jugendliche anbelangt?

!: Hier haben wir es mit dem gravierenden Problem zu tun, daß Kinder meist von kleinauf an Fabrikzucker und minderwertigen Naschkram gewöhnt sind und wir »alternativ belohnen« müssen. Psychologisch gesehen, empfindet plötzlich das Kind, es sei wohl nicht recht brav gewesen, wenn die belohnende Tafel Schokolade ausbleibt. Unsere beharrliche Arbeit besteht daher vor allem darin, den verkorksten Gaumen an die neue, natürliche Ernährung zu gewöhnen. Plötzlich erkennt das Kind, daß alles ohne Fabrikzucker viel besser schmeckt. Und ich mache die freudige Erfahrung, daß Kinder das viel konsequenter durch- und beibehalten als viele Erwachsene.

?: Zu den Menüs und einem Kostplan: Gibt es da etwas zu beachten, z. B. in der Reihenfolge oder Auswahl der Zutaten? Wie harmonieren Obst, Nüsse, Gemüse und Gemüsefrüchte miteinander?

!: Das einzige Problem kann entstehen, wenn ich Obst und Nüsse mische — das verträgt eben nicht jeder. Sonst kann man nach freiem Belieben die gegebenen Rohstoffe zubereiten und sich dabei großartiges Würzen oder Süßen sparen, indem abwechslungsreiche Gemüse salatmäßig gemischt werden, möglichst auch saisonmäßig. Was Sahne und Butter anbelangt: Sauerrahmbutter wird durch den ganz geringen Bestandteil an tierischem Eiweiß problemlos vertragen.

◀ **Zum Foto links:**

Hubert Hohler und sein Küchenteam im Garten der Villinger Schwarzwaldklinik. Das 70-Betten-Krankenhaus bereitet für seine ganz kleinen bis großen Patienten individuelle Vollwertkost zu (ohne Ausnahme tier-eiweißfrei, oft sogar zusätzlich vegan). Der Ernährung kommt innerhalb der naturheilkundlichen Therapie eine große Bedeutung zu, denn wenn neun Fachkräfte für die 70 Patienten zuständig sind, betreut jeder — statistisch gesehen — immerhin 8 Klinik-Insassen. Ein günstiges Verhältnis, aus der Sicht der Patienten!

Sahne hingegen lassen wir hier in der Schwarzwald-Klinik ganz weg, weil es vereinzelt zu Unverträglichkeiten kam.

?: Speziell zum Kostplan nachgefragt: Ist die Versorgung mit Vitalstoffen gewährleistet, wenn der vegane Rohköstler mehr seiner Intuition folgt und z. B. auf dem Wochenmarkt gerade das einkauft, was der Saison entspricht, aus biologischem Anbau stammt, bzw. frisch und preiswert zu haben ist?

!: Solange man nicht gerade das Lebensmittelangebot langweilig und eintönig auswählt, hingegen je nach Saison abwechslungsreich gestaltet, sind kaum Probleme zu erwarten.

Wir haben mehrere Tagespläne in der Schwarzwald-Klinik berechnet, und dabei wurde bestätigt, daß unsere Kostpläne die ideale Nährstoffzusammensetzung aufweisen. Vereinfacht ausgedrückt, beachten wir die ernährungswissenschaftlich geforderten Verhältnisse von Eiweiß, Fett und Kohlenhydraten. Die Formel: genügend natives Eiweiß, alles ballaststoff- und vitalstoffreich zubereitet, hochwertige Öle und Fette, pflanzliche Kohlenhydrate bei hoher »Geschmacks- und Genußdichte«, wird bei uns ständig beachtet. Satt wird hier jeder, weil's eben auch schmeckt! Es sollte selbstverständlich sein, daß die Lebensmittel aus kontrolliert-ökologischem Anbau

In den Armen des Küchenpersonals — doch nicht auf den Arm genommen, fühlt sich Hubert Hohler: Zusammen mit »seinem« Team ist er für die konsequente, hochwertige Vollwertkost an der Schwarzwaldklinik zuständig. Idee + Fotos: Helmix, November 1991.

stammen. Damit ist eigentlich die optimale Qualität gewährleistet.

_?:_ Und was könnte zum Kostenfaktor gesagt werden, ist die vegane Rohkost wesentlich teurer als herkömmliche Vollwertkost?

_!:_ Wenn konsequent aus ökologischem Anbau eingekauft wird, dürfte sie etwas teurer sein — doch »echte VW-Kost« sollte ja auch aus alternativem Anbau stammen. Hingegen ist die vegane Rohkost durch die hohe, vitalstoffreiche Qualität durch nichts zu überbieten, was eine Kostendiskussion sinnlos macht. Verhehlen möchte ich nicht, daß der Arbeitsaufwand bzw. die Vorbereitungszeit um einiges größer ist.

_?:_ Wie kommen Sie persönlich mit der veganen Rohkost zurecht? Ist sie »Hexenwerk« oder die zukünftige Ernährungsweise für alle Menschen, quasi als Gesundheitsprophylaxe?

_!:_ Für mich war die Umstellung von der üblichen Zivilisationskost auf die vitalstoffreiche Vollwert-Ernährung — und noch spezieller auf die Frischkost — revolutionär! Ich fühle mich viel leistungsfähiger und aktiver. Auch freue ich mich riesig, meine entwickelten Erfahrungen weiterzugeben. Daß ich bei vielen Menschen damit sogar zur Genesung beitragen kann, macht mich ein wenig stolz. Ich fühle mich deshalb auch in meinem Tun bestätigt und motiviert.

»Natürliche Gesundheit«/Cölle: Lieber Herr Hohler, herzlichen Dank für das Gespräch.

Müsli

– siehe auch Farbtafel auf Seite 51 –

(1) Apfel-Müsli mit Roggensprossen

Das brauchen Sie als Zutaten:

1/4 l Wasser
4 Bananen
5 mittelgroße Äpfel
2 TL Honig (bzw. nach
Bedarf)
2 EL Sesam oder Sesam-
sprossen

100 g Erdbeeren (oder
je nach Saison andere
Früchte)
120 g Roggensprossen
(3 Tage gekeimt)

Und so wird's zubereitet:

1. Das Wasser mit den Bananen in den Mixbecher geben
   und mit dem Honig aufmixen.

2. Die Äpfel gut waschen, vierteln und mit einem scharfen Messer in feine Stückchen schneiden. Das Ganze
   zum Bananen-Mix geben und untereinanderheben.

3. Die Roggensprossen kalt durchwaschen und ebenfalls
   zum Müsli geben.

4. Die Erdbeeren waschen, vier Stück zur Garnitur beisei-
   telegen. Die anderen kleinschneiden und unter das
   Müsli heben.

5. Das Müsli mit den Sesamsprossen und den ganzen Erdbeeren ausgarnieren.

(2) Apfel-Müsli mit Mandelmilch und Dinkelschrot

Das brauchen Sie als Zutaten:

1/4 l Wasser
4 Bananen
120 g Dinkelschrot (wird in
150 ml Wasser eingeweicht)
4 TL ungeschwefelte
Sultaninen
5 Äpfel

150 g Obst der Saison
2 EL Kürbiskerne
50 g Mandeln
1/2 Zitrone
2 EL Mandelmus

Und so wird's zubereitet:

1. Den Dinkel auf der Haushalts-Getreidemühle grob schroten und über Nacht mit ungefähr 150 ml Wasser einweichen.

2. Mandeln über Nacht in wenig Wasser einweichen.

3. Das Wasser mit den Bananen und dem Mandelmus in den Mixbecher geben, den Saft einer halben Zitrone dazugießen und aufmixen.

4. Die Äpfel gut waschen, vierteln, mit einem scharfen Messer in feine Stücke schneiden und untereinanderheben.

5. Kürbiskerne mit den Sultaninen und dem gewaschenen, kleingeschnittenen Obst sowie dem Dinkelbrei unter das Müsli heben.

6. Die Mandeln abschütten und damit das Müsli garnieren.

(3) Birnen-Müsli mit Quittensaft und Weizensprossen

Das brauchen Sie als Zutaten:

120 g Weizen (2–3 Tage keimen lassen)
5 Birnen
1/4 l Quittensaft
2 EL gekeimte Kürbiskerne (2 Tage keimen)
8 Aprikosen
2 Kiwi
4 Bananen

Und so wird's zubereitet:

1. Die Aprikosen über Nacht einweichen.

2. Den Quittensaft mit den Bananen in den Mixbecher geben und aufmixen.

3. Die Birnen gut waschen, vierteln, mit einem scharfen Messer in feine Stücke schneiden und mit der Quittensaft-Bananenmasse vermixen.

4. Die Aprikosen abschütten – den Saft aufheben und evtl. zum Süßen nutzen. Die Aprikosenfrüchte kleinschneiden und mit den abgeschütteten Kürbiskernen sowie den gewaschenen Weizenkeimlingen unter das Müsli heben.

5. Abschließend die Kiwi schälen, vierteln und in Scheiben schneiden (ein paar Scheiben davon aufbewahren). Mit den Kiwischeiben das Müsli garnieren.

(4)   Birnen-Müsli mit frischen Hafervollkornflocken und Walnüssen

Am natürlichsten und gesündesten sind die Haferflocken, wenn sog. »Nackthafer« frisch durch die Flockenpresse gelassen wird.

Das brauchen Sie als Zutaten:

150 g Haferflocken
5 Birnen
2 TL Honig
150 g Kirschen oder anderes Obst der Saison
2 EL Sonnenblumenkerne
4 Bananen
1 EL Walnußöl
50 g Walnußkerne
1/4 l Wasser

Und so wird's zubereitet:

1. Das Wasser mit dem Walnußöl, dem Honig und den Bananen in den Mixbecher geben und aufmixen.

2. Die Birnen gut waschen, vierteln, mit einem scharfen Messer in feine Stücke schneiden und untereinanderheben.

3. Dann die Kirschen, die frischen Haferflocken und die Sonnenblumenkerne mit allem vermengen.

4. Das Müsli mit den Walnußkernen garnieren.

(5) Erdbeer-Müsli mit Äpfeln und geweichter Hirse

Das brauchen Sie als Zutaten:

250 g Erdbeeren
2 Bananen
4 mittelgroße Äpfel
150 g Hirse
2 EL Leinsamen
1/4 Melone

Und so wird's zubereitet:

1. Die Hirse über Nacht in Wasser einweichen.

2. Die Erdbeeren mit den Bananen ins Mixglas geben und aufmixen.

3. Die Äpfel gut waschen, mit einer Reibe in den Erdbeer-Bananen-Mix reiben und untereinanderheben.

4. Die Melone schälen und in Stücke schneiden.

5. Die Hirse kalt durchwaschen, abtropfen lassen und zusammen mit der Melone zum Müsli geben.

6. Die Leinsamen über das Müsli streuen und evtl. mit einigen Erdbeeren garnieren.

(6)   Ananas-Müsli mit Birnen und Gerstenschrot

Das brauchen Sie als Zutaten:

1/2 Ananas
2 Bananen
4 Birnen
150 g Gerste geschrotet
100 g Cashewkerne
1/4 l Wasser

Und so wird's zubereitet:

1. Die Gerste grob schroten und mit 150 ml Wasser über Nacht einweichen.

2. Die Ananas schälen und den Strunk aus der Mitte entfernen.

3. Die eine Hälfte der Ananas zusammen mit den geschälten Bananen, einem Teil der Cashewkerne und dem Wasser aufmixen.

4. Die Birnen gut waschen und mit einer Reibe unter den Ananas-Bananen-Mix reiben, dann alles untereinanderheben.

5. Die restliche Ananas in kleine Stücke schneiden und zum Müsli geben.

6. Das Müsli abschließend mit den Cashewkernen garnieren.

Salate

– siehe auch Farbtafel Seite 54 –

(7) Adzukibohnen-, Zucchini-, Tomatensalat

Das brauchen Sie als Zutaten:

50 g Adzukibohnen
100 g Zucchini
100 g Tomaten

Salatsauce:
Zitronensaft
4 Radieschen
1 Bd Schnittlauch
0,1 l Wasser
4 EL Sojaöl
etwas Liebstöckel,
Bohnenkraut, Salz

Und so wird's zubereitet:

1. Die Adzukibohnen vier Tage keimen lassen, durchwaschen und gut abtropfen lassen.

2. Die Zucchini mit einer Gemüsebürste unter warmem Wasser gut bürsten, danach in 0,5 cm dünne Stifte schneiden.

3. Die Tomaten unter warmem Wasser gut waschen, halbieren und in kleine Ecken zerteilen.

4. Die Gemüsesorten mischen.

Salatsauce:

1. Radieschen putzen und waschen, Schnittlauch waschen und vorsichtig trockentupfen, Zitrone auspressen.

78

2. Alle Zutaten der Salatsauce in den Mixbecher geben, gut durchmixen, über den Salat geben, durchmengen und ca. 15 Min. durchziehen lassen.

(8)   Kichererbsen-, Tomaten-, Avocadosalat

Das brauchen Sie als Zutaten:

100 g Kichererbsen
6 Tomaten
1 Avocado

Salatsauce:
1/4 l Sauerkrautsaft
1/4 Avocado
4 Radieschen
1/2 kleine Zucchini
1 Bd Schnittlauch
etwas Petersilie, Oregano, Thymian
2 EL Sonnenblumenöl
etwas Salz, Muskatblüte

Und so wird's zubereitet:

1. Kichererbsen vier Tage keimen lassen, durchwaschen und gut abtropfen lassen.

2. Die Tomaten unter warmem Wasser gut waschen, halbieren und in kleine Ecken zerteilen.

3. Die Avocado halbieren, vom Stein lösen und aus der Schale heben, danach vierteln und in kleine Scheiben schneiden.

Salatsauce:

1. Avocado halbieren, vom Stein lösen, aus der Schale heben (Rest aufbewahren). Radieschen und Zucchini putzen und waschen. Die Kräuter waschen und vorsichtig trockentupfen.

2. Alle Zutaten der Salatsauce in den Mixbecher geben, gut durchmixen, über den Salat geben, durchmengen und ca. 15 Min. durchziehen lassen.

(9) Roggen-, Chinakohl-, Radieschensalat

Das brauchen Sie als Zutaten:

100 g Roggen
$1/4$ Chinakohl
1 Bd Radieschen

Salatsauce:
$1/4$ l Sauerkrautsaft
$1/4$ Avocado
$1/2$ Paprika (frisch)
$1/4$ Bd Petersilie
etwas Thymian
2 EL Sonnenblumenöl
etwas Salz

Und so wird's zubereitet:

1. Den Roggen 2–3 Tage keimen lassen, durchwaschen und gut abtropfen.

2. Den Chinakohl in Streifen schneiden, durchwaschen und gut abtropfen lassen.

3. Radieschen putzen, waschen und in Sechstel schneiden.

Salatsauce:

1. Die Avocado halbieren, vom Stein lösen und aus der Schale heben (Rest aufbewahren). Paprika waschen, putzen und mit den restlichen Kernen unter fließendem Wasser abspülen. Die Kräuter waschen und vorsichtig trockentupfen.

2. Alle Zutaten der Salatsauce in den Mixbecher geben, gut durchmixen, über den Salat geben, durchmengen und ca. 15 Min. durchziehen lassen.

(10)   Linsen-, Sauerkraut-, Paprikasalat

Das brauchen Sie als Zutaten:

50 g Linsen
400 g Sauerkraut
1 Paprika rot

Salatsauce:
$1/4$ Paprika rot
$1/4$ Bd Schnittlauch
etwas Majoran
Saft von 2 Zitronen
4 EL Sonnenblumenöl
etwas Salz
etwas Saft vom Sauerkraut abnehmen

Und so wird's zubereitet:

1. Linsen vier Tage keimen lassen, durchwaschen und gut abtropfen.

2. Frisches Sauerkraut mit dem Messer grob durchhacken (frische Ware z.B. aus dem Naturkostladen oder Reformhaus).

3. Paprika waschen, putzen, die restlichen Kerne unter fließendem Wasser abspülen und in ca. $1/2$ cm kleine Stücke schneiden. Etwa $1/4$ der Paprika für die Salatsauce zurückbehalten.

Salatsauce:

1. Alle Zutaten bereitlegen (u. a. Paprikarest). Den Schnittlauch waschen, gut abtupfen.

2. Alle Zutaten der Salatsauce in den Mixbecher geben, gut durchmixen, über den Salat geben, durchmengen und ca. 15 Min. ziehen lassen.

(11)   Grünkern-, Gurken-, Tomatensalat

Das brauchen Sie als Zutaten:

100 g Grünkern
1 Gurke
6 Tomaten

Salatsauce:
$1/4$ Avocado
$1/4$ Gurke
$1/4$ Bd Basilikum
etwas Liebstöckel, Dill
Saft von 2 Zitronen
$1/4$ l Brot-Trunk
2 EL Sonnenblumenöl
etwas Salz

Und so wird's zubereitet:

1. Grünkern über Nacht ca. 12 Std. einweichen, durchwaschen, gut abtropfen lassen.

»Wer hat die Riesenportion Frischkost-Salat bestellt?«

KASTE'

2. Gurke gut waschen und in 0,3 cm dünne Stifte schneiden, ein 3 cm langes Stück für die Salatsauce zurückbehalten.

3. Tomaten gut waschen, halbieren und in Sechstel
schneiden.

Salatsauce:

1. Avocado halbieren, vom Stein lösen und aus der Schale
heben (Rest aufbewahren). Die Kräuter waschen und
vorsichtig trockentupfen.

2. Alle Zutaten der Salatsauce in den Mixbecher geben,
gut durchmixen, über den Salat geben, durchmengen
und ca. 15 Min. durchziehen lassen.

(12)   Weizen-, Blutorangen-, Melonensalat

Das brauchen Sie als Zutaten:

100 g Weizen
2 Blutorangen
1/2 Honigmelone
50 g Mandeln

Salatsauce:
1 Banane
1/4 l Apfelsaft
Saft von 2 Zitronen
etwas Ingwerwurzel
4 EL Mandelöl
1/2 Teil Kurkumawurzel
(ist gerieben oder getrocknet im Handel)
etwas Salz

Und so wird's zubereitet:

1. Den Weizen vier Tage keimen lassen, durchwaschen und gut abtropfen.

2. Blutorange so schälen, daß noch etwas von der weißen Haut an der Orange bleibt (enthält wichtige Stoffe).

3. Honigmelone halbieren, mit einem Löffel die Kerne herausheben. Danach vierteln und mit einem Messer die Schale abschneiden.

4. Die Mandeln durch die feine Raffel des »Gemüse-Wolfs« lassen.

Salatsauce:

1. Banane schälen, in das Mixglas geben, etwas Ingwerwurzel darüberreiben, den Zitronensaft darübergeben.

2. Die restlichen Zutaten der Salatsauce dazugeben, gut durchmixen, über den Salat geben, durchmengen und 15 Min. durchziehen lassen.

(13) Mungobohnensalat mit Stein-Champignons in Avocadosauce

Das brauchen Sie als Zutaten:

100 g Mungobohnen
100 g Stein-Champignons
1 Bd Radieschen

Salatsauce:
1/4 Avocado
1/4 l Brot-Trunk
2 EL Öl
Saft von 2 Zitronen
1 Bd Schnittlauch
etwas Liebstöckel, Salz, Muskatblüte

Und so wird's zubereitet:

1. Die Mungobohnen vier Tage keimen lassen, durchwaschen und gut abtropfen.

2. Die Stiele der Pilze unten abschneiden, im Wasser gut durchwaschen, abtropfen lassen, je nach Größe vierteln oder in kleine Ecken schneiden.

3. Radieschen putzen, waschen und in Scheibchen schneiden.

Salatsauce:

1. Avocado halbieren, vom Stein lösen und aus der Schale heben (Rest aufbewahren).

85

2. Kräuter waschen und vorsichtig trockentupfen.

3. Alle Zutaten der Salatsauce in den Mixbecher geben, gut durchmixen, über den Salat geben, durchmengen und ca. 15 Min. ziehen lassen.

(14) Rotkohlsalat in Apfelsauce

Das brauchen Sie als Zutaten:

1 kleiner Kopf Rotkohl
2 mittlere Äpfel

Salatsauce:
2 Äpfel
$1/4$ l Apfelsaft
4 EL Öl
wenig geriebene Nelken,
etwas Koriander; Meersalz
Saft von 2 Zitronen

Und so wird's zubereitet:

1. Die äußeren Blätter des Rotkohls entfernen, dann den Kopf waschen, vierteln (den Strunk herausschneiden!) und fein hobeln.

2. Die Äpfel waschen, vierteln, Stiele und Kernhaus entfernen, zwei Stück für die Salatsauce beiseite legen. Die anderen in dünne Scheiben schneiden und unter den Rotkohl mengen.

Salatsauce:

Alle Zutaten der Salatsauce in den Mixbecher geben, gut durchmixen, über den Salat geben, gut mit den Händen

86

durchkneten (das Rotkraut wird weich dadurch), dann ca. 15 Min. ziehen lassen.

(15) Rotkohlsalat (»Variante Hohler«)

Das brauchen Sie als Zutaten:

1 kl. Kopf Rotkohl

Salatsauce:
2 Äpfel
1/4 l Sauerkrautsaft
1 kl. Zitrone
1 Bd Schnittlauch
etwas Salz, Piment, sowie Koriander
4 EL Sojaöl

Und so wird's zubereitet:

Die äußeren Blätter des Rotkohls entfernen, waschen, vierteln (den Strunk herausschneiden!) und fein hobeln.

Salatsauce:

1. Die Zitrone schälen, die Äpfel waschen, vierteln, vom Kernhaus befreien, den Schnittlauch waschen und trockentupfen.

2. Alle Zutaten der Salatsauce in den Mixbecher geben, aufmixen, die Sauce über den Salat geben und gut durchkneten, ca. 15 Min. durchziehen lassen.

(16) Wirsing-Salat mit Melone und frischer Melisse

Das brauchen Sie als Zutaten:

1 kleiner Kopf Wirsing
$1/2$ kleine Melone

Salatsauce:
2 Äpfel
$1/4$ l Apfelsaft
etwas Koriander, Piment,
Kurkumawurzel
4 EL Mandelöl
1 Bd Melisse

Und so wird's zubereitet:

1. Die äußeren Blätter des Wirsing entfernen, dann den Kopf waschen, vierteln, den Strunk herausschneiden und fein hobeln.

2. Die Melone waschen, halbieren, mit dem Löffel die Kerne herausheben und die Schale mit dem Messer entfernen, dann in kleine Stücke schneiden.

Salatsauce:

1. Die Äpfel waschen, vierteln, Stiel und Kernhaus herausschneiden.

2. Alle Zutaten bis auf die Melisse in den Mixbecher geben, gut durchmixen, über den Salat geben, durchmengen und ca. 15 Min. ziehen lassen.

3. Die Melisse waschen, vorsichtig trockentupfen, die Blätter abzupfen, mit dem Messer in Streifen schneiden und unter den Salat geben.

(17) Weißkohl-Salat mit Kümmel

Das brauchen Sie als Zutaten:

1 kleiner Kopf Weißkohl
2 Bd Radieschen
1/4 TL Kümmel

Salatsauce:
1/4 Bd Petersilie
Saft von 2 Zitronen
1/8 l Sauerkrautsaft
etwas Salz
3 EL Sonnenblumenöl

Und so wird's zubereitet:

1. Die äußeren Blätter des Weißkohls entfernen, dann den Kopf waschen, vierteln, den Strunk herausschneiden und fein hobeln.

2. Die Radieschen putzen, waschen und in Scheibchen schneiden.

3. Den Kümmel im Mörser zerstoßen.

4. Alles zusammengeben.

Salatsauce:

1. Petersilie waschen und vorsichtig trockentupfen, die großen Stiele entfernen.

2. Alle Zutaten der Salatsauce in den Mixbecher geben, gut durchmixen, über den Salat geben und ca. 15 Min. ziehenlassen.

(18) Blumenkohl mit Orangen in Mandelsauce

Das brauchen Sie als Zutaten:

1 Kopf Blumenkohl
3 Blutorangen

Salatsauce:
2 Bananen
1 EL Mandelmus
Saft von 2 Zitronen
4 EL Mandelöl
etwas Kurkumawurzel
Salz

Und so wird's zubereitet:

1. Den Blumenkohl putzen, vierteln und waschen. Die feinen Röschen auf etwa 1 cm Länge abschneiden, in eine Schüssel geben, den Rest des Blumenkohls entweder fein hobeln oder durch eine grobe Raffel dazureiben.

2. Blutorangen so schälen, daß noch etwas von der weißen Haut an der Orange bleibt (enthält wichtige Stoffe), vierteln, in Scheiben schneiden und zum Blumenkohl geben.

Salatsauce:

Bananen schälen und mit den anderen Zutaten der Salatsauce in den Mixbecher geben, gut durchmixen, unter den Salat heben und ca. 15 Min. ziehen lassen.

90

(19) Blumenkohl pikant mit roter Paprika

Das brauchen Sie als Zutaten:

1 Kopf Blumenkohl
3/4 rote Paprikaschote
100 g Sonnenblumenkerne

Salatsauce:
1/4 rote Paprikaschote
1/4 Avocado
2 EL Sesamöl
1/4 Gurke
1/4 Bd Schnittlauch
Saft von 2 Zitronen

Und so wird's zubereitet:

1. Den Blumenkohl putzen, vierteln und waschen. Die feinen Röschen auf etwa 1 cm Länge abschneiden und in eine Schüssel geben. Den Rest des Blumenkohls entweder fein hobeln oder durch eine grobe Raffel dazureiben.

2. Die Paprikaschote waschen, halbieren, putzen (die restlichen Kerne unter fließendem Wasser abspülen!) und in ca. 1/2 cm kleine Stücke schneiden. Ein Viertel davon für die Salatsauce zurückbehalten.

Salatsauce:

1. Die Avocado halbieren, vom Stein lösen, aus der Schale heben (Rest aufbewahren).

2. Den Schnittlauch waschen und vorsichtig trockentupfen. Das Gurkenstück waschen und kleinschneiden.

3. Alle Zutaten der Salatsauce in den Mixbecher geben, gut durchmixen, über den Salat geben, durchmengen und ca. 15 Min. ziehen lassen.

(20) Fenchel-Rohkost in Tomatensauce

Das brauchen Sie als Zutaten:

2 mittlere Fenchelknollen

Salatsauce:
3 Tomaten
1/4 Avocado
1/4 l Tomatensaft
1 EL Tomatenmark
1 Bd Schnittlauch
etwas Basilikum, Oregano
4 EL Sonnenblumenöl
Saft von 1 Zitrone
etwas Salz

Und so wird's zubereitet:

Den Fenchel waschen, putzen, das Fenchelkraut aufbewahren. Die Knolle vierteln und mit dem Strunk fein hobeln.

Salatsauce:

1. Die Tomaten waschen, vierteln.

2. Die Avocado halbieren, vom Stein lösen und aus der Schale heben (Rest aufbewahren).

3. Die Kräuter waschen und vorsichtig trockentupfen.

4. Alle Zutaten der Salatsauce in den Mixbecher geben, gut durchmixen, über den Salat geben, durchmengen und ca. 15 Min. ziehen lassen.

Das Fenchelkraut fein hacken und über den Salat geben.

(21) Fenchel-Rohkost mit Wassermelone in Ananassauce

Das brauchen Sie als Zutaten:

2 mittlere Fenchelknollen
1/2 Wassermelone
(nicht zu groß!)

Salatsauce:
1/4 Ananas
etwas Kurkumawurzel
und Koriander
1 EL Honig
1/4 l Birnensaft
etwas Salz
4 EL Mandelöl

Und so wird's zubereitet:

1. Den Fenchel waschen und putzen. Die Knolle vierteln und mit dem Strunk fein hobeln.

2. Die Wassermelone halbieren, in Scheiben schneiden, die Schale mit dem Messer abschneiden, die Kerne entfernen, die Melone in Stücke schneiden und zu dem Fenchel geben.

Salatsauce:

1. 1/4 der Ananas abschneiden, schälen, den Strunk herausschneiden und in Stücke schneiden.

2. Alle Zutaten der Salatsauce in den Mixbecher geben, gut durchmixen, über den Salat geben, durchmengen und ca. 15 Min. ziehen lassen.

(22) Karotten-Rohkost mit Apfel und Sonnenblumenkeimlingen

Das brauchen Sie als Zutaten:

4 Karotten (mittelgroß)
2 Äpfel
100 g Sonnenblumenkerne

Salatsauce:
1 Banane
1 EL Mandelmus
$1/4$ l Apfelsaft
etwas Piment, Salz
Saft 1 Zitrone
etwas Ingwer, Muskatblüte
3 EL Mandelöl

Und so wird's zubereitet:

1. Sonnenblumenkerne zwei Tage keimen lassen, durchwaschen und gut abtropfen.

2. Karotten gut waschen und putzen, durch die feine Raffel reiben.

3. Die Äpfel waschen, vierteln, vom Kernhaus befreien und ebenfalls fein raffeln.

4. Alles zusammen in eine Schüssel geben.

Salatsauce:

Banane schälen und mit den anderen Zutaten der Salatsauce in den Mixbecher geben, gut durchmixen, über den Salat geben, durchmengen und ca. 15 Min. ziehen lassen.

(23) Karotten-Spargel-Salat

Das brauchen Sie als Zutaten:

4 Karotten (mittelgroß)
1 Bd grüner Spargel
(= ca. 10 Stangen)

Salatsauce:
$1/4$ Avocado
Saft von 2 Zitronen
1 Bd Petersilie
etwas Salz, Muskatblüte, Piment
$1/8$ l Wasser
2 EL Sonnenblumenöl

Und so wird's zubereitet:

1. Karotten gut waschen und putzen, durch die feine Rohkostraffel reiben.

2. Den Spargel waschen und sorgfältig schälen, die angetrocknete Schnittfläche abschneiden, dann in 1 cm lange Stücke schneiden, mit den geriebenen Karotten mischen.

Salatsauce:

1. Die Avocado halbieren, vom Stein lösen, aus der Schale heben (Rest aufbewahren).

2. Die Petersilie waschen und vorsichtig trockentupfen.

3. Alle Zutaten der Salatsauce in den Mixbecher geben, gut durchmixen, über den Salat geben, durchmengen und ca. 15 Min. ziehen lassen.

(24)   Sauerkraut-Salat mit Radieschen

Das brauchen Sie als Zutaten:

400 g Sauerkraut
1 Bd Radieschen

Salatsauce:
1 Tomate
2 Radieschen
$1/4$ Bd Schnittlauch
$1/4$ Bd Petersilie
etwas Basilikum
$1/4$ l Brot-Trunk
Salz, Muskatblüte, Honig
4 EL Sonnenblumenöl

Und so wird's zubereitet:

1. Das Sauerkraut probieren (ist es zu sauer, kurz mit kaltem Wasser durchwaschen), dann 2–3 mal durchhacken und in eine Schüssel geben.

2. Die Radieschen putzen, waschen und in kleine Ecken schneiden, dann zum Sauerkraut geben. Zwei Stück für die Salatsauce zurückbehalten.

Salatsauce:

1. Tomate waschen und vierteln.

2. Die Kräuter waschen und vorsichtig trockentupfen.

3. Alle Zutaten der Salatsauce in den Mixbecher geben, gut durchmixen, über den Salat geben, durchmengen und ca. 15 Min. ziehen lassen.

(25) Sauerkraut-Salat in Ananassauce mit Erdbeerstückchen

Das brauchen Sie als Zutaten:

400 g Sauerkraut
150 g Erdbeeren

Salatsauce:
1/4 Ananas
etwas Piment, Ingwer
1 EL Honig
2 EL Orangensaft oder
Brot-Trunk
etwas Salz
4 EL Sonnenblumenöl

Und so wird's zubereitet:

1. Das Sauerkraut probieren (ist es zu sauer, kurz mit kaltem Wasser durchwaschen), dann 2–3 mal durchhacken und in eine Schüssel geben.

2. Die Erdbeeren waschen, putzen und in Scheiben schneiden, zum Sauerkraut geben.

Salatsauce:

1. Die Ananas von der ganzen Frucht abnehmen, schälen, den Strunk herausnehmen und in Stücke schneiden.

2. Alle Zutaten der Salatsauce in den Mixbecher geben, gut durchmixen, über den Salat geben, durchmengen und ca. 15 Min. ziehen lassen.

(26) Zucchini-Salat mit Oliven

Das brauchen Sie als Zutaten:

2 mittlere Zucchini
150 g eingelegte Oliven

Salatsauce:
$1/4$ Avocado
$1/4$ Bd Basilikum
$1/4$ Bd Petersilie
$1/4$ Paprikaschote (rot)
etwas Wasser; Salz
Saft von 2 Zitronen
2 EL Olivenöl (bitte
abnehmen von den
eingelegten Oliven)

Und so wird's zubereitet:

1. Die Zucchini putzen, waschen, der Länge nach halbieren und in dünne Scheiben schneiden, in eine Schüssel geben.

2. Die Oliven halbieren, vom Stein lösen und zu den Zucchini geben.

Salatsauce:

1. Die Avocado halbieren, vom Stein lösen und aus der Schale heben (Rest aufbewahren).

2. Die Kräuter und die Paprikaschote waschen, halbieren, putzen, die restlichen Kerne unter fließendem Wasser abspülen und kleinschneiden.

3. Alle Zutaten der Salatsauce in den Mixbecher geben, gut durchmixen, über den Salat geben, durchmengen, dann ca. 15 Min. ziehen lassen.

(27) Zucchini-Salat in Radieschen-Kapernsauce

Das brauchen Sie als Zutaten:

2 Zucchini
2 EL eingelegte Kapern

Salatsauce:
4 Radieschen
$1/4$ Avocado
$1/4$ Bd Schnittlauch
etwas Majoran
$1/8$ l Sauerkrautsaft, sowie
Saft der eingelegten Kapern
2 EL Sonnenblumenöl
etwas Salz

Und so wird's zubereitet:

Die Zucchini waschen, putzen, in kleine Würfel (ca. 0,5 cm groß) oder in grobe Streifen schneiden. In eine Schüssel geben, die Kapern dazugeben.

Salatsauce:

1. Die Radieschen putzen, waschen und kleinschneiden.

2. Die Kräuter waschen und vorsichtig trockentupfen.

3. Die Avocado vierteln (Rest in den Kühlschrank für weitere Salate geben), dann aus der Schale heben.

4. Alle Zutaten der Salatsauce in den Mixbecher geben, gut durchmixen, über den Salat geben, durchmengen und ca. 15 Min. ziehen lassen.

Das brauchen Sie als Zutaten:

1 Staude Bleichsellerie
3/4 rote Paprika

Salatsauce:
1 Tomate
1/4 l Tomatensaft
1/4 Avocado

1/4 Bd Schnittlauch
etwas Basilikum und
Oregano
1/4 Paprika (aus Zutat)
2 EL Sonnenblumenöl
etwas Salz
Saft von 2 Zitronen

»Hallo, hier sind wir – zum allergen-armen Fast-Food-Menü ...«

KASTE

Und so wird's zubereitet:

1. Den Bleichsellerie unten abschneiden, so daß man ihn in die einzelnen Stengel zerteilen kann. Die Stengel gut waschen. Bei älterem Sellerie empfiehlt es sich, mit dem Messer die gröbsten Fasern zu entfernen, indem man den Stengel unten dünn anschneidet und die daranhängenden Fäden nach oben hin abzieht.
Den Sellerie quer zu den Fasern hobeln oder in dünne Stücke schneiden. Den Zitronensaft gleich darangeben, damit der Sellerie nicht braun wird.

2. Die Paprikaschote waschen, halbieren, putzen, die restlichen Kerne unter fließendem Wasser abspülen und in erbsengroße Stücke schneiden. $1/4$ der Paprikaschote für die Salatsauce aufbewahren.

Salatsauce:

1. Tomate waschen und vierteln.

2. Avocado vierteln und aus der Schale heben (Rest aufbewahren).

3. Die Kräuter waschen und vorsichtig trockentupfen.

4. Alle Zutaten der Salatsauce in den Mixbecher geben, gut durchmixen, über den Salat geben, durchmengen, ca. 15. Min. ziehen lassen.

(29) Bleichsellerie mit Pfirsichen in Bananensauce

Das brauchen Sie als Zutaten:

1 Staude Bleichsellerie
2 Pfirsiche
100 g Mandeln

Salatsauce:
2 Bananen
Saft von 2 Zitronen
$1/4$ l Apfelsaft
etwas Kurkumawurzel,
Koriander
1 EL Honig
3 EL Mandelöl

Und so wird's zubereitet:

1. Den Sellerie in der gleichen Weise vorrichten und zerkleinern wie im Rezept (28) erklärt.

2. Die Pfirsiche waschen, halbieren (beide Seiten gegeneinander drehen), vom Stein lösen, vierteln und in Scheiben schneiden.

3. Die Mandeln reiben oder im Hacker zerkleinern.

Salatsauce:

Die Bananen schälen und mit den anderen Zutaten der Salatsauce in den Mixbecher geben, gut durchmixen, über den Salat geben, durchmengen und ca. 15 Min. ziehen lassen.

(30) Gurkensalat in Dill-Zitronendressing

Das brauchen Sie als Zutaten:

2 Gurken
2 Tomaten

Salatsauce:
1/2 Avocado
1/2 Bd Dill
Saft von 2 Zitronen
2 EL Sonnenblumenöl
etwas Salz, Muskatblüte
0,1 l Brot-Trunk

Und so wird's zubereitet:

1. Gurken waschen und in dickere Stäbchen schneiden.

2. Tomaten waschen, den Strunk entfernen, in kleine Ecken schneiden, zusammen in eine Schüssel geben.

Salatsauce:

1. Die Avocado waschen, halbieren und vom Stein lösen.

2. Den Dill waschen und vorsichtig trockentupfen.

3. Alle Zutaten der Salatsauce in den Mixbecher geben, gut durchmixen, über den Salat geben, durchmengen, ca. 15 Min. durchziehen lassen.

Mein Hinweis:

Diese Salatsauce sollte sehr dick sein, um den Saft, den die Gurken ziehen, etwas binden zu können.

(31) Gurkensalat mit Birnen in Mandelsauce

Das brauchen Sie als Zutaten:

2 Gurken
2 Birnen
100 g Mandeln

Salatsauce:
1 Birne
$1/4$ l Birnensaft
Saft von 2 Zitronen
4 EL Sesamöl
etwas Salz, Koriander
Ingwer

Und so wird's zubereitet:

1. Gurke waschen und in Scheiben schneiden.

2. Birnen waschen, vierteln, vom Kernhaus entfernen.

3. Mandeln reiben oder in der Moulinette zerkleinern. Alles zusammen in eine Schüssel geben.

Salatsauce:

Birne waschen, etwas kleinschneiden und mit den anderen Zutaten der Salatsauce in den Mixbecher geben, gut durchmixen, über den Salat geben und 15 Min. ziehen lassen.

(32) Kohlrabi-Salat mit Kapern

Das brauchen Sie als Zutaten:

2 mittlere Kohlrabi
2 EL eingelegte Kapern

Salatsauce:
$1/4$ l Sauerkrautsaft
$1/4$ Bd Petersilie
etwas Basilikum, Rosmarin,
Estragon, Liebstöckel, Salz
4 EL Sonnenblumenöl

Und so wird's zubereitet:

1. Die Kohlrabi waschen, putzen, die holzigen Stellen wegschneiden und fein raspeln.

2. Die eingelegten Kapern dazugeben. Den Fond für die Salatsauce verwenden.

Salatsauce:

1. Die Kräuter waschen, vorsichtig trockentupfen.

2. Alle Zutaten der Salatsauce in den Mixbecher geben, gut durchmixen, über den Salat geben, durchmengen, ca. 15 Min. ziehen lassen.

(33) Kohlrabi-Salat mit Champignons in Kräutersauce

Das brauchen Sie als Zutaten:

2 mittlere Kohlrabi
200 g Champignons

Salatsauce:
$1/4$ Avocado
$1/4$ Bd Petersilie
$1/4$ Bd Schnittlauch
etwas frischen Kerbel
Saft von 2 Zitronen
etwas Salz, Muskatblüte
2 EL Sonnenblumenöl

Und so wird's zubereitet:

1. Die Kohlrabi waschen, putzen, die holzigen Stellen wegschneiden und fein raspeln.

2. Die Champignons putzen (Stiele unten abschneiden), waschen, vierteln und zu den geriebenen Kohlrabi geben.

Salatsauce:

1. Die Avocado vierteln und aus der Schale heben (Rest aufbewahren).

2. Die Kräuter waschen und vorsichtig trockentupfen.

3. Alle Zutaten der Salatsauce in den Mixbecher geben, gut durchmixen, über den Salat geben und ca. 15 Min. durchziehen lassen.

(34) Navetten-Salat mit Austernpilzen

Das brauchen Sie als Zutaten:

3 mittlere Navette-
Rübchen (Teltower oder
Goldball eignen sich ge-
nauso gut)
250 g Austernpilze

Salatsauce:
$1/4$ Avocado
$1/4$ l Brot-Trunk
Saft von 1 Zitrone
1 Bd Schnittlauch
1 EL Sonnenblumenöl
1 EL Olivenöl
etwas Salz
1 TL Honig

Und so wird's zubereitet:

1. Die Rübchen waschen, putzen, die holzigen Stellen
   wegschneiden und fein raspeln.

2. Da die Austernpilze im Gewächshaus auf Strohballen
   gezogen und beim biologischen Anbau auch keine sonstigen Gifte verwendet werden, braucht man diese Pilze
   nicht zu waschen.
   Man entfernt die einzelnen Kappen vom Strunk, welcher nicht verwendet werden kann. Die Kapern schneidet man dann in 0,5 cm dicke Streifen und gibt sie zu
   den geraffelten Rübchen.

Salatsauce:

1. Die Avocado vierteln und aus der Schale haben (Rest aufbewahren).

2. Den Schnittlauch waschen und trockentupfen.

3. Alle Zutaten der Salatsauce in den Mixbecher geben, gut durchmixen, über den Salat geben und ca. 15 Min. durchziehen lassen.

---

(35) Rübchen-Salat mit Cashewkernen in Paprikasauce

Das brauchen Sie als Zutaten:

3 mittelgroße Rübchen
100 g Cashewkerne
1/2 Paprika (rot)

Salatsauce:
1/2 Paprika (rot)
2 Tomaten
4 EL Sonnenblumenöl
1/4 Bd Basilikum
etwas Thymian
Saft von 2 Zitronen
etwas Salz

Und so wird's zubereitet:

1. Die Rübchen waschen, putzen, die holzigen Stellen wegschneiden und fein raspeln.

2. Den Paprika waschen, halbieren, putzen, die restlichen Kerne unter fließendem Wasser abspülen und in kleine Vierecke schneiden. Eine Hälfte für die Soße verwenden.

3. Die Cashewkerne etwas durchhacken.

Mein Tip:

Besser ist es, Cashew-Bruch zu kaufen, da dieser etwa $1/3$ billiger ist und für Salate oder Dessert gut verwendet werden kann.

Salatsauce:

1. Die Tomaten waschen und vierteln.

2. Die Kräuter waschen und vorsichtig trockentupfen.

3. Alle Zutaten der Salatsauce in den Mixbecher geben, gut durchmixen, über den Salat geben, durchmengen und ca. 15 Min. ziehen lassen.

(36)   Broccoli-Salat in Tomatensauce

Das brauchen Sie als Zutaten:

500 g Broccoli

Salatsauce:
3 Tomaten
$1/4$ Avocado
$1/4$ l Tomatensaft
1 EL Tomatenmark
$1/4$ Bd Schnittlauch
$1/4$ Bd Basilikum
etwas Oregano, Thymian
2 EL Sonnenblumenöl
etwas Salz

Und so wird's zubereitet:

1. Den Broccoli waschen und putzen.

2. Die feinen Röschen auf 1 cm Länge abschneiden und in eine Schüssel geben. Die Stiele durch eine Raffel oder einen Hobel reiben und zu den Röschen geben.

Salatsauce:

1. Die Tomaten waschen, vierteln.

2. Die Avocado vierteln und aus der Schale heben (Rest aufbewahren).

3. Die Kräuter waschen und vorsichtig trockentupfen.

4. Alle Zutaten der Salatsauce in den Mixbecher geben, gut durchmixen, über den Salat geben, durchmengen und ca. 15 Min. ziehen lassen.

(37) Broccoli-Salat mit Birnen und Walnußkernen

Das brauchen Sie als Zutaten:

500 g Broccoli
2 Birnen
100 g Walnußkerne

Salatsauce:
1 Birne
$^1/_4$ l Apfel- oder Birnensaft
3 EL Sonnenblumenöl
etwas Walnußöl oder ein
paar Walnußkerne
etwas Kurkumawurzel
Saft von 2 Zitronen
wenig Piment
etwas Salz

Und so wird's zubereitet:

1. Den Broccoli waschen und putzen. Die feinen Röschen auf 1 cm Länge schneiden und in eine Schüssel geben, Die Stiele durch eine Raffel geben bzw. über einen Hobel reiben und zu den Röschen geben.

2. Die Birnen waschen, vierteln, das Kernhaus entfernen und zum Broccoli schneiden.

3. Die Walnußkerne etwas durchhacken.

Salatsauce:

1. Die Birne waschen, vierteln.

2. Alle Zutaten der Salatsauce in den Mixbecher geben, gut durchmixen, über den Salat geben und ca. 15 Min. ziehen lassen.

Das brauchen Sie als Zutaten:

300 g Shi-itake Pilze
4 Maiskolben
1 Gurke

Salatsauce:
1/4 Avocado
1/4 l Sauerkrautsaft
1 Tomate
etwas Thymian
1/4 Bd Schnittlauch
2 EL Sonnenblumenöl
etwas Salz

Und so wird's zubereitet:

1. Da die Shi-itake Pilze im Gewächshaus auf Baumstämmen gezogen und beim biologischen Anbau auch keine sonstigen Gifte verwendet werden, braucht man die Pilze nicht zu waschen.

2. Die Stiele der Pilze knapp unter der Kappe abschneiden. Beim Shi-itake können nur die Kappen verwendet werden, diese dann vierteln und in eine Schüssel geben.

3. Beim Mais kann nur Zuckermais verwendet werden. Dieser muß mit einem Messer vom Kolben gelöst und danach gewaschen werden.

4. Die Gurke gut waschen und in Maiskorngröße schneiden.

Salatsauce:

1. Die Avocado vierteln und aus der Schale heben (Rest aufbewahren).

2. Die Kräuter waschen und vorsichtig trockentupfen.

3. Alle Zutaten der Salatsauce in den Mixbecher geben, gut durchmixen, über den Salat geben und ca. 15 Min. ziehen lassen.

(39) Frischer Stangenspargel mit Tomaten

Das brauchen Sie als Zutaten:

500 g Spargel
250 g Tomaten

Salatsauce:
1/4 Avocado
etwas Salz
2 EL Walnußöl oder
Mandelöl
1/4 Bd Petersilie
etwas Muskatblüte

Und so wird's zubereitet:

1. Den Spargel waschen und sorgfältig schälen. Die angetrockneten Schnittflächen abschneiden. Den Spargel über einen groben Hobel reiben, die Scheiben sollten 2–3 mm dick sein.

2. Die Tomaten waschen, harte Teile herausschneiden, vierteln und in kleine Scheiben schneiden, zum Spargel geben.

Salatsauce:

1. Avocado vierteln und aus der Schale heben (Rest aufbewahren). ▶

2. Die Petersilie waschen und vorsichtig trockentupfen.

3. Alle Zutaten der Salatsauce in den Mixbecher geben, gut durchmixen, über den Salat geben und ca. 15 Min. ziehen lassen.

(40)   Tomaten-Ananas-Salat

Das brauchen Sie als Zutaten:

6 Tomaten
1/4 Ananas

Salatsauce:
1/8 Ananas
etwas Salz
Saft einer Zitrone
2 EL Mandelöl
1/8 l Apfelsaft
etwas Piment

Und so wird's zubereitet:

1. Die Tomaten waschen, harte Teile herausschneiden, vierteln und in kleine Scheiben schneiden.

2. Die Ananas von der Gesamtfrucht abnehmen, schälen, den Strunk herausschneiden, in keine Scheibchen schneiden und zu den Tomaten geben.

Salatsauce:

Die Ananas schälen, den Strunk herausschneiden und zusammen mit den anderen Zutaten der Salatsauce in den Mixbecher geben, gut durchmixen und sogleich über den Salat geben.

(41) Pastinake mit Chicoree in Heidelbeersauce

Das brauchen Sie als Zutaten:

3 große Pastinaken
3 Chicoree
100 g Heidelbeeren

Salatsauce:
1 Banane
$1/4$ l Heidelbeersaft
50 g Sonnenblumenkerne
3 EL Honig
3 EL Sonnenblumenöl
etwas Koriander
1 EL Mandelmus
etwas Salz

Und so wird's zubereitet:

1. Die Pastinaken gut waschen, putzen und durch eine feine Raffel in eine Schüssel reiben.

2. Den Chicoree putzen, halbieren, den bitteren unteren Strunk herausschneiden, in ca. 1 cm breite Streifen schneiden, waschen, gut abtropfen lassen und zu den Pastinaken geben.

3. Heidelbeeren waschen und zum restlichen Salat geben.

Salatsauce:

Die Banane schälen und mit den anderen Zutaten der Salatsauce in den Mixbecher geben, gut durchmixen, über den Salat geben, durchmengen und ca. 15 Min. ziehen lassen.

Das brauchen Sie als Zutaten:

3 mittlere Rote Bete
3 Äpfel
100 g Mandeln

Salatsauce:
2 Bananen
Saft von 2 Zitronen
1/4 l Apfelsaft
etwas Kurkumawurzel,
Piment, Ingwerwurzel,
Salz, Honig

Und so wird's zubereitet:

1. Die Rote Bete waschen, putzen und durch eine feine Raffel reiben.

2. Die Äpfel waschen, vierteln, vom Kernhaus entfernen, durch eine grobe Raffel reiben, zur Roten Bete geben.

3. Mandeln fein reiben oder mit der Moulinette zerkleinern, zur Roten Bete geben.

Salatsauce:

Die Banane schälen und mit den anderen Zutaten der Salatsauce in den Mixbecher geben, gut durchmixen, über den Salat geben, durchmengen und ca. 15 Min. ziehen lassen.

(43) Kürbis-Topinambur

Das brauchen Sie als Zutaten:

1 kleiner Speisekürbis
100 g Topinambur
100 g Mandeln

Salatsauce:
2 Bananen
1 EL Honig
etwas Ingwerwurzel
1/4 l Apfelsaft
etwas Salz

Und so wird's zubereitet:

1. Den Kürbis waschen, halbieren, schälen, die Kerne entfernen und durch eine feine Raffel reiben.

2. Die Topinambur ebenfalls waschen und durch eine feine Raffel reiben.

3. Beide zusammen in eine Schüssel geben.

4. Die Mandeln reiben oder in der Moulinette zerkleinern.

Salatsauce:

Die Banane schälen und zusammen mit den anderen Zutaten der Salatsauce in den Mixbecher geben, gut durchmixen, über den Salat geben, durchmengen und ca. 15 Min. durchziehen lassen.

Blattsalate

Mit dieser Gattung der Salate möchte ich mich nicht sehr ausführlich beschäftigen. In fast allen Haushalten werden sie täglich zubereitet, und jede Hausfrau (bzw. Hausmann!) weiß, wie sie zu putzen oder zu waschen sind.

Es sei dennoch darauf hinzuweisen, daß die Salate auf keinen Fall »gebadet« werden sollen, sprich: daß man sie lange im Wasser liegen läßt, sondern gewaschen und sofort aus dem Wasser herausgenommen werden müssen, um abtropfen zu können. Wie man die Salate zerkleinert, bleibt jedem selbst überlassen, nur sollte man immer daran denken, je kleiner die Salate geschnitten werden, desto größer ist der Verlust an Mineral- und Vitalstoffen.

Die Artenvielfalt dieser Salate ist recht groß geworden, einerseits durch einige Neu-Züchtlinge, andererseits aber auch durch Wiederanbauen alter Salatsorten.

Deshalb sollte man sich hier auch vom saisonalen Angebot und einem günstigen Einkaufspreis leiten lassen.

Hier einige vielleicht nicht so bekannte Salate:

- Spinat
- Lollo bionda
- Kopfsalat rot
- Offener Radiccio
- Portulak oder Winterpostelein
- Löwenzahn
- Romanasalat
- Frisee
- Chinakohl
- Salatrauke

Frischkostsalate sind eine wahre »Fundgrube« für die leckerschmeckige Vollwertkost (tier. eiweißfrei). Verwenden Sie auch mal einige ausgefallene
Sorten!

- Spinat:
Diese oft zitierte Spezialität aus unseren Kindertagen zählt zwar zu den Gemüsen, läßt sich aber als junges Gewächs wie Blattsalat zubereiten; etwas älter gewachsen, sollte man ihn wie Endivie grob schneiden.

- Lollo bionda – Lollo rosso:
Die einzelnen Blätter in 3–4 cm lange Stücke rupfen.

- Kopfsalat rot:
Wie beim grünen Salat etwa 2–3 mal zerrupfen.

- Offener Radiccio
Sind meistens kleine Blätter: nur an der Wurzel abschneiden, dann die einzelnen Blätter verwenden; ist leicht bitter.

- Portulak oder Winterpostelein:
Das Blatt mit dem langen Stiel komplett verwenden; schmeckt auch noch sehr gut, wenn er im Frühling kleine Blüten ansetzt.

- Löwenzahn:
Die Blätter sollten nicht länger als 10 cm sein. Die Blätter an der Wurzel abschneiden, halbieren; ist leicht bitter.

- Romanasalat:
Die einzelnen Blätter zerrupfen.

- Frisee:
Die einzelnen Blätter in 3–4 cm große Stücke rupfen; schmeckt leicht bitter.

- Chinakohl:
Wie Endivie in 2–3 cm breite Streifen schneiden.

– Salat-Rauke
Hat Blätter, die dem Löwenzahn ähneln; etwa 2–3 mal rupfen; schmeckt nussig-herzhaft.

Zum Anmachen dieser Blattsalate hier ein paar Tips für Salatsaucen, die sich auch am besten in einem Mixbecher zubereiten lassen:

(44) Sämige Radieschen – Tomatensauce

Das brauchen Sie als Zutaten:

3 Radieschen
1 Tomate
1/4 Avocado
Saft von 2 Zitronen
1/4 Bd Petersilie
etwas Muskatblüte
etwas Salz
2 EL Sesamöl
0,1 l Wasser

(45) Birnensalatsauce mit Schnittlauch

Das brauchen Sie als Zutaten:

2 Birnen
1/4 Bd Schnittlauch
etwas Ingwerwurzel
1/4 l Birnensaft
4 EL Sonnenblumenöl
etwas Salz
Saft von 1 Zitrone

(46)   Leichte Tomatensauce mit Basilikum

Das brauchen Sie als Zutaten:

2 Tomaten
0,1 l Tomatensaft
1 TL Tomatenmark
1/4 Bd Basilikum
1/4 Avocado
2 EL Olivenöl
etwas Salz

(47)   Salatsauce mit Kürbiskernen

Das brauchen Sie als Zutaten:

50 g Kürbiskerne
1/4 Bd Schnittlauch, etwas Kerbel, etwas Liebstöckel
1 kl. Zucchini
1/4 l Sauerkrautsaft
etwas Muskatblüte
etwas Salz
4 EL Sonnenblumenöl

Gemüse-Spezialitäten – einschl. Suppen –
– siehe auch Farbtafel auf Seite 55 –

Falls Sie mal Lust auf etwas Warmes haben, können Sie sich eine Pizza oder ein Grünkern-Linsenplätzchen in den Ofen schieben, jedoch darf die Ofentemperatur nicht über 60 °C kommen, da ab 40 °C die Vitalstoffe einschl. wertvoller Enzyme zerstört werden.

Tatsache ist, daß bei 60 °C-Ofentemperatur sich das Gargut im Innern lediglich auf 40 °C erwärmt. Deshalb können wir auch bei diesen Rezepten von »Rohkost« sprechen. Zum Vergleich: Manche Öle z. B. in der Kokospalme/-nuß erwärmen sich im Innern der Früchte bei intensiver Sonneneinstrahlung auf 60–70 °C, und auch hier wird bei späterer Kaltpressung von unerhitzten, kaltgepreßten Naturkostölen gesprochen. In der Natur sind derartige Erwärmungsprozesse also gang und gäbe – und durchaus als »natürlich und gesund« zu bezeichnen.

Wenn Sie eine leckerschmeckige Sauce zu diesen Gerichten wollen: im Rezeptteil »Dips und Aufstriche« finden Sie bestimmt etwas, was Ihrem Geschmack entspricht.   Guten Appetit!

(48)   Grünkern-Linsenplätzchen

Das brauchen Sie als Zutaten:

100 g Grünkern	**Kräuter:**
100 g Linsen	Basilikum
$1/2$ Karotte	Thymian
etwas Fenchel oder	Majoran
Staudensellerie	Petersilie
etwas Muskatblüte	
2 EL Tomatenmark	

Und so wird's zubereitet:

1. Die Linsen 4 Tage keimen lassen. Den Grünkern über Nacht ca. 12 Std. einweichen, durchwaschen und gut abtropfen lassen.

2. Das Gemüse waschen, putzen und in kleine Stücke schneiden. Mit dem Getreide und den Linsen mischen.

3. Die Kräuter waschen, vorsichtig trockentupfen, hacken und zum Getreide geben.

4. Gemüse, Grünkern und Linsen durch den Gemüsewolf geben, dann die Gewürze dazugeben.

5. Das Tomatenmark unterziehen und zu einem Brei vermengen.

6. Plätzchen formen und auf ein mit Olivenöl bepinseltes Blech setzen.

7. Ca. 3–4 Stunden im Ofen bei 60 °C Ofentemperatur trocknen.

124

Hinweis:

Ausführliche Rezepte über Plätzchen und »Backwaren« siehe beim übernächsten Kapitel »Brot und Gebäck« der Rezept-Nrn. 78–88.

(49) Gemüsepizza für 4 Personen

Das brauchen Sie als Zutaten:

8 Scheiben fertig getrock-
netes Brot (siehe Rezept)
4 EL Tomatenmark
1 EL Olivenöl
etwas Salz,
Thymian
Rosmarin, Basilikum,
sowie Oregano

Belag für die Pizza:
2 Maiskolben (Zuckermais)
100 g Champignons
100 g Broccoli
100 g Zucchini
1 EL Sonnenblumenöl
etwas Salz,
Thymian,
Rosmarin, Oregano,
sowie Petersilie

Und so wird's zubereitet:

1. Den Zuckermais vorsichtig mit dem Messer vom Kolben lösen, waschen und abtropfen lassen. Das Gemüse putzen und waschen, ungefähr auf dieselbe Größe wie die Maiskörner schneiden.

2. Die Kräuter waschen, vorsichtig trockentupfen und hacken.

3. Das geschnittene Gemüse mit dem Öl, dem Salz und den Kräutern würzen und ca. 20 Min. ziehen lassen.

125

4. Das Tomatenmark mit dem Öl, Salz und den Kräutern verrühren, dann das Brot damit bestreichen.

5. Das eingelegte Gemüse nehmen, sobald es Flüssigkeit gezogen hat; abtropfen lassen und auf den 8 Pizzen verteilen.

6. Alles auf ein Blech geben und bei 60 °C Ofentemperatur ca. 2 Std. trocknen.

---

(50)   Grünkern-Mandel-Plätzchen

Das brauchen Sie als Zutaten:

200 g Grünkern	**Kräuter:**
50 g Mandeln	Liebstöckel
$1/2$ Karotte	Petersilie
1 Tomate	Schnittlauch
$1/4$ Avocado	
2 EL Tomatenmark	
etwas Salz	

Und so wird's zubereitet:

1. Grünkern über Nacht einweichen.

2. Mandeln fein reiben.

3. Das Gemüse waschen und etwas kleinschneiden.

4. Die Kräuter waschen und vorsichtig trockentupfen, hacken oder schneiden.

5. Die Zutaten (außer dem Tomatenmark und den Kräutern) mischen und durch den Gemüsewolf geben. Verwenden Sie die mittlere Scheibe. ▶

6. Das Tomatenmark und die Kräuter in die Masse einarbeiten.

7. Plätzchen formen und auf ein mit Öl bepinseltes Blech setzen.

8. Ca. 3–4 Std. im Ofen bei 60 °C Ofentemperatur trocknen.

(51)   Gurke mit Grünkern gefüllt

Das brauchen Sie als Zutaten:

2 Mini-Gurken
oder
1 Salatgurke

Grünkernmasse:
100 g Grünkern
1/4 Avocado
2 Tomaten
versch. Kräuter
Salz
Muskatblüte
Gurkeninneres

Und so wird's zubereitet:

1. Grünkern fein mahlen. Die Gurken waschen und der Länge nach halbieren. Mit einem Löffel das Innere der Gurke auskratzen. Nun die Gurke umdrehen und mit einem Sparschäler lediglich einen »Mittelstreifen« abschälen, so daß die Gurke stehenbleibt.

2. Die Avocado halbieren, vom Stein lösen und aus der Schale heben (den Rest aufbewahren). Die Tomate waschen und vierteln. Die Kräuter waschen und vorsichtig trockentupfen.

3. Die Zutaten (außer Grünkern und Kräuter) mischen, mit einem Pürierstab aufmixen und dann den gemahlenen Grünkern nach und nach zugeben.

4. Frische Kräuter je nach Saison waschen, hacken oder schneiden und unter die Grünkernmasse arbeiten.

5. Die Masse in einen Spritzsack mit einer Sterntülle füllen und in die halbierten, ausgeschabten Gurken spritzen.

(52) Ratatouille in Tomatensauce

Das brauchen Sie als Zutaten:

2 Zucchini
1 Aubergine
1 Karotte
1 Paprika
4 Tomaten

Tomatensauce:
2 Tomaten
0,1 l Tomatensaft
1 TL Tomatenmark
$1/2$ Avocado
2 EL Olivenöl
$1/2$ Bd Basilikum, Salz

Und so wird's zubereitet:

1. Das Gemüse gut waschen, putzen und in etwa $1/2$ cm große Würfel schneiden, dann mischen.

2. Die Tomaten für die Sauce waschen und vierteln.

3. Den Basilikum waschen, vorsichtig trockentupfen und die Blätter zupfen.

4. Alle Zutaten der Sauce in den Mixbecher geben, gut durchmixen. ▶

5. Erst kurz vor dem Servieren mischen! Denn wenn das Gemüse und die Sauce längere Zeit zusammenstehen, zieht das Gemüse Wasser und verdünnt die Sauce.

(53) Gefüllte Champignons-Köpfe

Das brauchen Sie als Zutaten:

8 große Champignons	$1/2$ Bd Petersilie
100 g Roggen	3 Radieschen
50 g Cashewkerne	Salz
$1/2$ Avocado	Koriander
$1/4$ Paprika	Muskatblüte

Und so wird's zubereitet:

1. Den Roggen 3 Tage keimen lassen, waschen und gut abtropfen.

2. Die Champignons putzen, waschen, die Stiele direkt am Kopf (= Hut) abschneiden, umdrehen und auf der oberen Seite dünn abschneiden, damit der Kopf aufrecht stehen kann. Stiele beiseitenehmen.

3. Den gekeimten Roggen und die Cashewkerne in der Moulinette pürieren.

4. Den Paprika putzen und waschen, die Avocado halbieren, vom Stein lösen und aus der Schale heben, zusammen mit den Champignonstielen in der Moulinette pürieren.

5. Beide Massen zusammengeben, mit den Gewürzen vermischen, dann alles einarbeiten. ▶

6. Die Masse in einen Spritzsack mit einer großen Tülle füllen und in die umgedrehten Champignonköpfe spritzen.

7. Die Radieschen waschen, putzen, vierteln und damit die gefüllten Champignonköpfe ausgarnieren.

(54)   Gefüllte Spinattomate

Das brauchen Sie als Zutaten:

4 gleichgroße Tomaten
100 g Spinat

Sauce für Spinat:
30 g Grünkern gemahlen
0,1 l Sauerkrautsaft
2 EL Olivenöl
etwas Salz

Und so wird's zubereitet:

1. Die Tomaten waschen, unten dünn abschneiden, damit man die Tomate hinstellen kann. Den Deckel so groß abschneiden, daß sich das Tomateninnere gut mit einem Löffel herausholen läßt. Das Innere der Tomate teilweise für die Soße mitverwenden.

2. Den Spinat waschen, die groben Stiele entfernen. Den Rest vom Spinat in ca. 1/2 cm breite Streifen schneiden.

3. Alle Zutaten der Soße in den Mixbecher geben, gut durchmixen und den Spinat anmachen.

4. Mit dem angemachten Spinat die Tomaten füllen.

(55) Champignon-Mais-Gemüse in Avocadosauce

Das brauchen Sie als Zutaten:

250 g Champignons
4 Maiskolben (Zucker-
mais)

Sauce:
$1/4$ Bd Petersilie
$1/4$ Bd Schnittlauch
1 Avocado
1 Gurke
$1/8$ l Sonnenblumenöl
Salz

Und so wird's zubereitet:

1. Die Champignons unten an der Wurzel abschneiden und die Pilze gut waschen. Danach je nach Größe vierteln oder achteln.

2. Den Zuckermais langsam mit dem Messer vom Kolben lösen, waschen und abtropfen lassen, dann zu den Pilzen geben.

3. Den Schnittlauch und die Petersilie waschen und vorsichtig trockentupfen, danach fein schneiden bzw. hacken.

4. Die Avocado halbieren, vom Stein lösen und aus der Schale heben.

5. Die Gurke waschen und in Stücke schneiden.

6. Die Avocado mit der Gurke, dem Öl und den Gewürzen in einen Mixbecher geben, gut durchmixen. Zusammen mit den Kräutern über das Gemüse geben und durchmischen.

Das brauchen Sie als Zutaten:

8 Chinakohlblätter (schöne Blätter ausgesucht)
250 g Sprossen (Buchweizen, Radieschen, Adzukibohne;
alternativ: über Nacht eingeweichter Grünkern)
1/2 Bd Schnittlauch
2 kleine Möhren
1 kleiner Kohlrabi
50 g Walnüsse
1/2 Avocado
etwas Salz, etwas Piment

Und so wird's zubereitet:

1. Die Sprossen oder den Grünkern gut durchspülen und
   abtropfen lassen.
2. Die Möhren und Kohlrabi waschen, dann fein raspeln.
3. Den Schnittlauch waschen, vorsichtig trockentupfen
   und fein schneiden.
4. Die Avocado halbieren, vom Stein lösen, aus der Schale
   heben und zusammen mit den Walnüssen in der Moulinette pürieren.
5. Alles zusammengeben, würzen und gut durchmischen.
6. Die Chinakohlblätter waschen und trockentupfen.
7. Jeweils 2 EL der Masse auf ein Salatblatt geben und auf-
   rollen, evtl. mit einem Zahnstocher aufspießen.

*Auch Suppen sind innerhalb der veganen Rohkost mög-
lich! Hier zwei farbenprächtige (und leckerschmeckige!)
Beispiele, siehe Abb. Seite 55 innerhalb der Farbtafeln.*

(57) Tomatencremesuppe mit Spinatstreifen

Das brauchen Sie als Zutaten:

6 Tomaten
30 g Grünkern
30 g Oliven
20 g Spinat
etwas Salz, Muskatblüte, Thymian, Rosmarin und
Schnittlauch
1 EL Sonnenblumenöl

Und so wird's zubereitet:

1. Den Grünkern fein mahlen (über die Getreidemühle).

2. Die Tomaten waschen, den Strunk herausschneiden, vierteln und in das Mixglas geben.

3. Die Gewürze, das Öl und den gemahlenen Grünkern dazugeben und aufmixen.

4. Die Kräuter waschen, vorsichtig trockentupfen, zupfen, hacken und zur Suppe geben.

5. Den Spinat waschen, grobe Stiele entfernen und in feine Streifen schneiden.

6. Die Oliven entsteinen und vierteln.

7. Die Suppe in Tassen anrichten, den Spinat und die Oliven darübergeben.

Mein Tip:

Rohe Suppen mit Getreideeinlage ca. 1–2 Stunden vor dem Servieren zugedeckt stehenlassen.

133

(58) Gurken-Dill-Suppe mit Paprikastückchen

Das brauchen Sie als Zutaten:

1 Gurke
1/4 Avocado
1/2 Bd Dill
1/4 Paprika (grün)
2 EL Sonnenblumenkerne
etwas Salz

Und so wird's zubereitet:

1. Die Sonnenblumenkerne in der Moulinette fein pürieren.

2. Die Gurke waschen und in Stücke schneiden.

3. Die Avocado halbieren, vom Stein lösen und aus der Schale heben.

4. Die Gurke und Avocado in das Mixglas geben und pürieren; nach und nach die zerkleinerten Sonnenblumenkerne und das Salz dazugeben.

5. Die Paprika waschen, putzen, unter fließendem Wasser von den restlichen Kernen befreien und in etwa 1/2 cm große Würfel schneiden.

6. Den Dill waschen, vorsichtig trockentupfen, zupfen und mit dem Wiegemesser fein schneiden.

7. Die Suppe in Tassen anrichten, die Paprikawürfel und den Dill darübergeben.

»Die Ordnung unserer Nahrung« (vereinfachtes Schema nach Prof. Dr. Werner Kollath)

	Lebensmittel			Nahrungsmittel		
	1. natürlich, unverändert (= unerhitzt)	2. mechanisch verändert (= unerhitzt)	3. fermentativ verändert (= unerhitzt)	4. erhitzt	5. konserviert	6. präpariert
Pflanzenreich	**Samen** z. B. Nüsse, Mandeln, Oliven	**kaltgepreßte Öle** z. B. Olivenöl, Erdnußöl – Rückstand: Preßkuchen	**Eigenfermente** Hefe, Bakterien	**Gebäcke aus** Vollkornmehl, Vollkorn-Haferflocken	**Gebäcke aus** Auszugsmehl, Zwieback, Knäckebrot, Konfekt, Schokolade, Haferflocken	**Pflanzliche Präparate** z. B. Kunstfette [Margarine, Öl], Eiweiß, jeglicher Fabrikzucker, Auszugsmehl [Stärkemehl] und Produkte daraus wie Nudeln, Grieß, geschälter Reis, künstl. Aromastoffe, Vitamine, Wuchsstoffe, Fermente, Nährsalze, Mineralstoffgemische
	Getreide Weizen/Dinkel, Roggen, Hafer, Gerste, Reis, Mais, Hirse	**Mahlprodukte** Vollkornmehl, Schrot, Frischflocken – Rückstand: Kleie	**Breie** ungekochte Breie aus Vollkorn, Vollschrot, Vollkornmehl – »Frischkornbrei«	**Breie gekocht** aus Vollkorn		
	Obst Gemüse Honig	**Salate** aus Obst und Gemüse, naturtrübe Säfte – Rückstand: Trester	**Gärsäfte Gärgemüse** z. B. »Brottrunk«, Met, Sauerkraut	**Obst und Gemüse** gekocht	**Obst- und Gemüsekonserven** Marmeladen	
Tierreich	**Eier**	**Blut** Muscheln (Knochen)	**Fleisch** Beefsteak-Tatar	**Fleisch** Fisch, Eier (gekocht bzw. gebraten)	**Tierkonserven** Wurst	**Tierpräparate** z. B. Fleischextrakt, Eiweißkonzentrate, Diät-Pulver
	Milch Muttermilch, Tiermilch	**Milchprodukte** aus unerhitzter Milch	**Gärmilch** z. B. Joghurt, Kefir	**Erhitzte Milch** und Produkte daraus, z. B. Quark	**Milchkonserven** H-Milch, H-Sahne	**Milchpräparate** Säuglingsnahrung
Getränke	**Quellwasser** (Luft)	**Leitungswasser**	**Gärgetränke** z. B. Most, Wein, Bier	**Extrakte** Teearten, Brühe	**Gemische** Kunstwein, Liköre	**Destillate** künstl. Mineralwasser, Branntwein

Ein wenig Theorie an dieser Stelle: Vegane Rohkost steht in der Wertigkeit ganz auf der (positiven) linken Seite!

Leckerschmeckige Desserts
– siehe auch Farbtafel auf Seite 58 –

---

(59)   Apfelsalat

Das brauchen Sie als Zutaten:

4 mittlere Äpfel
50 g Rosinen
30 g Kokosflocken
50 g Cashewkerne (es
kann auch Bruchware ver-
arbeitet werden)

Sauce:
Saft einer Orange
Saft einer Zitrone
2 TL Mandelmus
2 Bananen
$^1/_8$ l Apfelsaft
1 Msp Vanille
1 Msp Zimt
1 Prise Nelken gemahlen

Und so wird's zubereitet:

1. Die Zutaten der Sauce in das Mixglas geben und gut durchmixen, in eine Schüssel geben.

2. Die Rosinen in die Sauce geben, damit diese weich werden.

3. Die Äpfel gut waschen, vierteln, vom Kernhaus befreien und in Scheiben schneiden.

4. Die geschnittenen Äpfel zusammen mit den Kokosflocken und den Cashewkernen zur Sauce geben, untereinanderheben und ca. 15 Min. ziehen lassen.

(60) Mandelcreme

Das brauchen Sie als Zutaten:

70 g Mandeln
2 EL Honig
1 EL Carob
4 Bananen
2 EL Mandelmus

Und so wird's zubereitet:

1. Die Mandeln fein raspeln oder in der Moulinette zerkleinern.

2. Die Banane schälen und in den Mixbecher geben.

3. Zusammen mit dem Mandelmus, dem Honig und dem Carobpulver im Mixglas pürieren.

4. Zum Schluß die zerkleinerten Mandeln unterheben, in eine Schüssel geben und 1/4 Std. in den Kühlschrank stellen.

Hinweis:

Das Carobpulver bindet beim Kühlstellen und macht die Creme noch etwas fester.

Das brauchen Sie als Zutaten:

2 Orangen
50 g Buchweizen (3 Tage gekeimt oder über Nacht eingeweicht)
100 g Trockenobst
100 g Cashewnüsse
1–2 Bananen (je nach Konsistenz der Creme)

Und so wird's zubereitet:

1. Die Orangen halbieren und mit einem Grapefruit-Messer rundherum das Fleisch von der Schale lösen, aus der Orange heben und für die Creme beiseite stellen.

2. Den Buchweizen durchspülen, gut abtropfen lassen, trockentupfen und in der Moulinette zerkleinern.

3. Das Trockenobst mit dem Messer grob schneiden und in der Moulinette zerkleinern.

4. Die Cashewnüsse ebenfalls in der Moulinette zerkleinern.

5. Das Fleisch der Orangen mit den geschälten Bananen im Mixglas pürieren.

6. Nach und nach die Nüsse, den gekeimten Buchweizen und das Trockenobst in den ständig laufenden Mixer geben.

7. Diese Creme in einen Spritzsack füllen und kurz vor dem Servieren in die Orange spritzen.

(62)   Erdbeer-Hirse-Creme

Das brauchen Sie als Zutaten:

90 g Hirse
150 g Erdbeeren
1 TL Honig
40 g Kurpflaumen
1 Banane
etwas Vanille und Carob

Und so wird's zubereitet:

1. Die Hirse warm abwaschen und über Nacht einweichen. Vor dem Gebrauch gut durchwaschen, abtropfen
   lassen und in der Moulinette zerkleinern.

2. Die Kurpflaumen mit dem Messer grob schneiden und
   in der Moulinette zerkleinern.

3. Die Erdbeeren waschen und putzen.

4. Die geschälte Banane zusammen mit den Erdbeeren,
   dem Honig, der Vanille und dem Carob aufmixen.

5. Nach und nach die Hirse und die Pflaumen in den ständig laufenden Mixer geben.

6. Zum Servieren in Schälchen abfüllen, evtl. mit Erdbeeren ausgarnieren.

(63)   Gefüllte Datteln

Das brauchen Sie als Zutaten:

8 Datteln (schöne, große Früchte)
70 g Butter
1/2 EL Honig
50 g feingemahlene Mandeln

Und so wird's zubereitet:

1. Die Datteln halbieren und den Stein entfernen.

2. Die Butter mit dem Handrührgerät schaumig schlagen, den Honig und die Mandeln unter ständigem Rühren daruntergeben.

3. Die Masse in einen Spritzsack füllen und in die Dattelhälften spritzen.

(64)   Fruchtsalat in Mandelmilch

Das brauchen Sie als Zutaten:

Saft einer Zitrone
3 Bananen
0,2 l Apfelsaft
2 EL Mandelmus
1 EL Honig
1/2 Melone
1 Kiwi
1 Apfel
1 Birne

140

3 EL Kürbiskerne (2 Tage gekeimt)
150 g Obst nach Saison

Und so wird's zubereitet:

1. Die geschälte Banane zusammen mit dem Mandelmus, dem Honig, dem Apfelsaft und die Hälfte des Zitronensaftes aufmixen.

2. Das Obst waschen, putzen, die Kiwi und die Melone schälen, dann das Obst in kleine Stücke schneiden, mit dem Zitronensaft beträufeln und mischen.

3. Den Obstsalat auf Glasteller anrichten, dann die Mandelmilch darübergeben.

(65)   Rhabarber-Erdbeer-Apfel-Dessert

Das brauchen Sie als Zutaten:

2 Stangen Rhabarber
1 Apfel
100 g Erdbeeren
1 Banane
1 EL Honig
1 TL Mandelmus
1 Msp Zimt
1 Msp Vanille

Und so wird's zubereitet:

1. Die geputzten, gewaschenen Erdbeeren zusammen mit der geschälten Banane dem Mandelmus, Zimt und der

Vanille im Mixbecher pürieren und in eine Schüssel geben.

2. Die Rhabarberstangen waschen und die fasrige Schale abziehen, mit einem Hobel dünne Plättchen durchreiben.

3. Den Apfel ebenfalls waschen, vierteln, vom Kernhaus befreien und fein hobeln.

4. Den Rhabarber und den Apfel unter die Erdbeermasse heben und ca. 15 Min. ziehen lassen, danach in Schälchen abfüllen, evtl. mit Kokosflocken garnieren.

(66)   Mango-Igel in Himbeersauce

Das brauchen Sie als Zutaten:

2 reife Mangos
200 g Himbeeren
1 EL Honig
100 g Mandeln

Und so wird's zubereitet:

1. Die Mango waschen und halbieren. Da der Stein der Mango recht groß ist, kann man die Mango nur der Länge nach halbieren und muß in der Mitte einen Streifen von ca. 1 cm stehenlassen und links und rechts von diesem Streifen gerade herausschneiden.

2. Die Mangohälften dann auf die Schalenseite legen und mit einem scharfen Küchenmesser die Mango zuerst

längs, dann quer einritzen, so daß ca. 1,5 cm große Quadrate entstehen.

3. Von der Schalenseite der Mango her durchdrücken, so daß sich das Mangofleisch herauswölbt und das Ganze wie ein Igel aussieht.

4. Das Fleisch, welches noch am Mangokern ist, vorsichtig vom Stein lösen, schälen und zusammen mit den Himbeeren und dem Honig pürieren.

5. Die Mandeln in der Moulinette zerkleinern und unter die Himbeer-Mango-Masse geben; gut durchrühren.

6. Die Himbeersauce auf kleine Glasteller geben und den Mango-Igel hineinsetzen.

(67) Standfeste Bananen auf Kiwisauce

Das brauchen Sie als Zutaten:

4 kleinere Bananen
10 g Carobpulver
100 g Kokosflocken
etwas Apfelsaft
2 Kiwi
1 kleine Zucchini
1 EL Honig

Und so wird's zubereitet:

1. Die Bananen schälen, dabei die gebogene Seite etwas mit dem Messer begradigen, so daß man die Bananen standfest macht.

2. Die Kokosflocken und das Carobpulver mischen.

3. Die Banane zuerst im Apfelsaft, danach im Kokos-flocken-Carobpulver-Gemisch wenden und diesen Überzug etwas andrücken.

4. Die Kiwis schälen, die Zucchini waschen und putzen und den Honig zusammen mit den Bananenabschnit-ten pürieren.

5. Die Sauce in einen Glasteller geben und die Banane darauf anrichten, evtl. mit Himbeeren ausgarnieren.

(68) Energiebällchen mit Brombeeren

Das brauchen Sie als Zutaten:

100 g Aprikosen
100 g Feigen
70 g Mandeln
70 g Cashew
70 g Kürbiskerne
Saft von je einer Zitrone und Orange

Zur Garnitur werden am besten frische Brombeeren verwendet

Und so wird's zubereitet:

1. Am besten gelingen die Energiebällchen, wenn das Trockenobst nicht zu hart ist. Dann braucht dieses nicht eingeweicht zu werden, sondern kann sofort zer-kleinert werden. Zuerst das Trockenobst mit dem Mes-ser 2x durchschneiden, danach in der Moulinette zer-kleinern und in eine Schüssel geben. ▶

2. Die Mandeln, Cashewkerne und Kürbiskerne ebenfalls in der Moulinette zerkleinern, danach zum Trockenobst geben, Zitrone dazugeben.

3. Aus dieser Masse einen Teig kneten und zu einer Rolle formen, diese in Stückchen schneiden und zu Kugeln abdrehen.

4. Mit einem Kochlöffelstiel eine Vertiefung hineindrücken und die Brombeere hineinsetzen.

(69) Apfelbällchen

Das brauchen Sie als Zutaten:

100 g Feigen (getrocknet)
100 g Pflaumen (getrocknet)
100 g Mandeln
100 g Sonnenblumenkerne
Saft einer Orange
1 Apfel

Und so wird's zubereitet:

1. Am besten gelingen die Apfelbällchen, wenn das Trockenobst nicht zu hart ist. Dann braucht man dieses nicht einzuweichen, sondern kann es im abgepackten Zustand zerkleinern: Mit dem Messer 2x durchschneiden, in der Moulinette zerkleinern und anschließend in eine Schüssel geben.

2. Die Mandeln und Sonnenblumenkerne ebenfalls in der Moulinette zerkleinern, danach zum Trockenobst geben.

3. Die Äpfel waschen, vierteln und vom Kernhaus befreien, grob reiben und zusammen mit dem Orangensaft zur Masse geben und zusammenkneten.

4. Die Früchtemasse mit den Händen zu Kugeln formen und kaltstellen. Die Hände beim Abdrehen der Kugeln immer feuchthalten, denn dann klebt alles nicht so stark an den Fingern.

(70)   Mandelbällchen mit Kürbiskernen

Das brauchen Sie als Zutaten:

100 g Aprikosen (getrocknet)
100 g Feigen (getrocknet)
150 g Mandeln
50 g Kürbiskerne
Saft einer Zitrone

Und so wird's zubereitet:

1. Am besten gelingen die Mandelbällchen, wenn das Trockenobst nicht zu hart ist. Dann braucht man dieses nicht einzuweichen, sondern kann es in diesem Zustand zerkleinern. Anleitung siehe Rezept (68): Mit dem Messer 2x durchschneiden, dann in den Hacker geben. ▶

2. Die Mandeln und Kür-
biskerne ebenfalls in der
Moulinette zerkleinern,
danach zum Trocken-
obst geben.

3. Das Trockenobst, die
Mandeln sowie die Kür-
biskerne in eine Schüs-
sel geben, den Zitronen-
saft darüberträufeln und
die Masse zusammen-
kneten.

4. Die Früchtemasse mit
den Händen zu Kugeln
formen und kaltstellen.
Die Hände beim Abdre-
hen der Kugeln stets
feuchthalten, denn dann
klebt alles nicht so stark
an den Fingern.

Energiebällchen –
»natürlich und gesund«!

(71)   Erdbeertörtchen

Das brauchen Sie als Zutaten:

Für die Erdbeertörtchen benötigen wir das Grundrezept
(87) des Weizen-Aprikosen-Brot, jedoch ohne die Rosinen.
Den Teig lt. Rezept herstellen und wie folgt verarbeiten:

1. Den Brotteig 0,5 cm dick ausrollen und die im Handel
   erhältlichen Tartellete-Förmchen aus Metall damit aus-
   legen (vorher einbuttern und mit Mehl bestäuben),
   dann im Ofen ca. 4–5 Std. bei 60 °C Ofentemperatur
   trocknen. Nach der Hälfte der Trockenzeit den Teig aus
   dem Tartellete-Förmchen nehmen, da dies so schneller
   trocknet.

Zutaten für den Belag:

1–2 Bananen (je nach Konsistenz des Teiges)
100 g Mandeln
etwas Vanille
Saft von einer Zitrone
500 g Erdbeeren

Und so wird's zubereitet:

1. Die Mandeln in der Moulinette pürieren.

2. Die Bananen im Mixglas pürieren, nach und nach die
   Mandeln und die Gewürze dazugeben.

3. Die Erdbeeren waschen, putzen und halbieren.

4. Das getrocknete Törtchen mit dem Bananen-Mandel-
   Mix dick bestreichen und die halbierten Erdbeeren hineinsetzen.

(72) Erdbeer-Kokos-Kugeln

Das brauchen Sie als Zutaten:

300 g Erdbeeren frisch (es können aber auch gefrorene Früchte verwendet werden)
200 g Kokosflocken
1 TL Honig
etwas Piment
etwas Vanille

Und so wird's zubereitet:

1. Die Erdbeeren waschen, putzen und im Mixglas pürieren.

2. Die Kokosflocken, den Honig und die Gewürze zu den pürierten Erdbeeren geben und mit einem Löffel unterarbeiten.

3. Die Masse 15 Min. zum Abbinden stehenlassen, danach Kugeln abdrehen und kühlstellen.

4. Die Kugeln schmecken auch als tiefgekühltes Eis-Konfekt sehr gut; man sollte sie aber ungefähr 15 Min. vor dem Verzehr aus dem Tiefkühlfach herausnehmen.

Das brauchen Sie als Zutaten:

100 g Sesam
2 EL Honig
50 g geriebene Cashewkerne
50 g Rosinen
1 kleine Karotte

Und so wird's zubereitet:

1. Die Karotte waschen und fein reiben.

2. Alle Zutaten zusammengeben und zu einem festen Teig kneten.

3. Aus diesem Teig eine Rolle formen, in Klarsichtfolie einpacken und einfrieren.

4. Ca. 15 Min. vor Gebrauch aus der Tiefkühltruhe holen, auftauen lassen, danach mit einem großen Messer ca. 1 cm breite Scheiben abschneiden, auf einen Teller geben und servieren.

(74) Sauerkirsch-Zimt-Eis

Das brauchen Sie als Zutaten:

500 g Sauerkirschen
3 Bananen
Abrieb einer Zitrone
Saft einer Zitrone
etwas Vanille, etwas Zimt
1 EL Honig

Und so wird's zubereitet:

1. Die Kirschen waschen und entsteinen, die Bananen schälen.

2. Die Zitrone waschen und ihre Schale mit einer feinen Reibe abreiben; den Saft dieser Zitrone ebenfalls zu den Kirschen geben.

3. Vanille, Zimt und Honig je nach Geschmack dazugeben.

4. Alle Zutaten im Mixglas pürieren. Falls die Masse zu dick ist, noch etwas Saft dazugeben.

5. Diese Masse wird tiefgefroren ($2^1/2$ Std. im Gefrierfach reichen für diese Menge). Damit das Eis cremig wird, während des Einfrierens öfters mit dem Schneebesen durchrühren, gegebenenfalls in einem Eisbereiter herstellen.

Man kann dieses Eis auch auf Vorrat produzieren, muß dann jedoch das Eis ca. 20 Min. vor dem Verzehr aus der Gefriertruhe nehmen, auftauen und mit einem Schneebesen oder einem Handrührgerät kräftig durchrühren.

(75)   Kokosnuß-Eis

Das brauchen Sie als Zutaten:

1 Kokosnuß
5 Bananen
Honig
Vanille

Und so wird's zubereitet:

1. Die Kokosnuß an den vorgegebenen drei Punkten an der spitzen Seite mit einem Korkenzieher anbohren und die Kokosmilch auffangen.

2. Die Kokosnuß nun an einer scharfen Kante oder mit einem Hammer mehrmals anschlagen; sie springt dann in der Mitte auf, und das Mark läßt sich gut mit einem stabilen Messer herausschälen.

3. Das Kokosmark in der Moulinette zerkleinern.

4. Die geschälten Bananen zusammen mit der Kokosmilch, dem zerkleinerten Mark und den Gewürzen aufmixen, entweder im Mixglas oder mit dem Pürierstab.

5. Die Masse wird tiefgefroren ($2^1/_2$ Std. im Gefrierfach reichen für diese Menge). Damit das Eis cremig wird, während des Einfrierens öfters mit dem Schneebesen durchrühren, evtl. einen Eisbereiter verwenden.

6. Man kann das Eis auch auf Vorrat herstellen, muß dann jedoch das Eis ca. 20 Min. vor dem Verzehr herausnehmen, auftauen, und mit einem Schneebesen oder einem Handrührgerät kräftig durchrühren.

152

(76) Brombeer-Eis

Das brauchen Sie als Zutaten:

200 g Brombeeren
1 Banane
50 g Cashewkerne oder Bruch
1 EL Honig
1 mittlerer Apfel
1 Prise Zimt

Und so wird's zubereitet:

1. Die Brombeeren verlesen und waschen, danach mit dem Mixstab pürieren.

2. Die Banane schälen; den Apfel waschen, vierteln, vom Kernhaus befreien, etwas zerkleinern und zusammen mit der Banane zu den Himbeeren geben und ebenfalls pürieren.

3. Die Cashewkerne fein reiben oder mahlen und zusammen mit dem Zimt und Honig unter das Fruchtpüree heben.

4. Alle Zutaten nun ins Tiefkühlfach stellen, ca. 2^1/$_2$ Std. gefrieren lassen und ab und zu mit dem Schneebesen durchrühren. Falls man das Eis am Tag vor dem Verzehr herstellt, muß das Eis ca. 20 Min. vor dem Essen angetaut werden und mit dem Schneebesen oder einem Handrührgerät nochmals glattgerührt werden.

Für die Eisroulade benötigt man das Grundrezept (68) der Energiebällchen, jedoch ohne die Brombeeren als Garnitur, ferner ein Eisrezept; am besten eignet sich das Brombeereis (Rezept 76) oder das Sauerkirsch-Zimt-Eis (Rezept 74).

Und so wird's zubereitet:

Energiebällchenmasse und Eis nach den angegebenen Rezepten herstellen. Das Eis muß eine cremige Konsistenz haben, um es weiter verarbeiten zu können. Also muß es entweder am Tag vorher hergestellt und angetaut, oder 2–3 Std. vor dem Servieren »fabriziert« werden.

1. Die Energiebällchen-Masse zwischen Klarsichtfolie dünn, rechteckig ausrollen. Die obere Klarsichtfolig abnehmen.

2. Die ausgerollte Teigmasse gleichmäßig mit dem cremigen Eis bestreichen. Am gegenüberliegenden Ende die Teigmasse ca. 2 cm breit freilassen.

3. Die Klarsichtfolie an den vorderen Enden halten und nach oben heben und so die Teigplatte zu einer Roulade zusammenrollen und in die Klarsichtfolie einpacken.

4. Die Roulade nochmals mindestens 12 Stunden durchfrieren lassen.

5. Etwa 15 Min. vor dem Servieren in Scheiben schneiden und etwas antauen lassen.

Brot und Gebäck

– alles ohne schädigende Erwärmung hergestellt –
– siehe auch Farbtafel auf Seite 59 –

Auch Brot und süße, getrocknete Kekse lassen sich nach den Richtlinien der Rohkost herstellen.

Doch auch beim Brot, wie schon bei den Gemüsespezialitäten erwähnt, darf die Ofentemperatur nicht mehr als 60 °C betragen, damit die Temperatur des Gargutes nicht über 45 °C ansteigt, denn ab dieser Temperatur werden Enzyme und zum Teil auch Vitamine verändert oder sogar ganz zerstört.

155

(78)   Sesam-Plätzchen

Das brauchen Sie als Zutaten:

250 g Weizen
50 g Dinkel
2 EL Mandelmus
50 g Butter
50 g Honig
2 EL Sesam
etwas Zitronensaft
50 g Rosinen
Apfelsaft (nach Bedarf)

Und so wird's zubereitet:

1. Den Weizen und Dinkel fein mahlen.

2. Rosinen kurz in Wasser einweichen.

3. Aus Getreide, Mandelmus, Butter, Honig und den Gewürzen einen Teig zusammenkneten.

4. Sesam und Rosinen unter den Teig kneten.

5. Den Teig auf einem bemehlten Tisch ca. 0,5 cm dick ausrollen und Plätzchen ausstechen.

6. Die Plätzchen dann auf ein Gitter legen und bei 60 °C Ofentemperatur trocknen.

Hinweis:

Sesambrot siehe Rezept (86).

156

(79) Carob-Plätzchen

Das brauchen Sie als Zutaten:

100 g Mandeln
100 g Kokosflocken
60 g Weizen
140 g Roggen
100 g Honig
1 TL Carob
etwas Zimt, Vanille
150 ml Birnensaft

Und so wird's zubereitet:

1. Den Weizen und Roggen fein mahlen.

2. Die Mandeln fein raspeln oder in der Moulinette fein hacken.

3. Die ganzen Zutaten des Teiges zusammenmischen und gut durchkneten.

4. Den Teig auf einem bemehlten Tisch ca. 0,5 cm dick ausrollen und Plätzchen ausstechen.

5. Die Plätzchen dann auf ein Gitter legen und bei 60 °C Ofentemperatur trocknen.

Das brauchen Sie als Zutaten:

200 g Dinkel
200 g Mandeln
100 g Butter
100 g Honig
etwas Zitronensaft und Abrieb der Schale
1 kleine Prise Salz
etwas Zimt
etwas Vanille

Und so wird's zubereitet:

1. Den Dinkel fein mahlen.

2. Die Mandeln fein raspeln oder in der Moulinette fein hacken.

3. Alle Zutaten des Teiges zusammenmischen und etwa 8–10 Min. gut durchkneten.

4. Den Teig auf einem bemehlten Tisch ca. 0,5 cm dick ausrollen und 5-DM-Stück-groß ausstechen.

5. Die Plätzchen dann auf ein Gitter legen und bei 60 °C Ofentemperatur trocknen.

Hinweis:

Gefüllte Mürbeteig-Plätzchen mit Erdbeermarmelade siehe Rezept (88).

Das brauchen Sie als Zutaten:

300 g Roggen
100 g Grünkern
50 g Dinkel
Petersilie
Schnittlauch
Rosmarin
40 ml Öl
250 ml Wasser
Salz

Und so wird's zubereitet:

1. Den Roggen fein, Grünkern und Dinkel grob mahlen.

2. Die Kräuter waschen, vorsichtig trockentupfen, den Schnittlauch fein schneiden, die Petersilie hacken, den Rosmarin abzupfen und ebenfalls hacken.

3. Die ganzen Zutaten des Teiges zusammenmischen und gut durchkneten (ca. 10 Min. lang, damit sich der Kleber des Getreides entfaltet).

4. Von dem Teig etwas abnehmen, auf dem bemehlten Tisch spindelförmig abdrehen und daraus eine Brezel legen.

5. Die Brezel dann auf ein Gitter legen und bei 60 °C Ofentemperatur trocknen.

(82) Kümmelstangen

Das brauchen Sie als Zutaten:

150 g Gerste
300 g Dinkel
250 ml Wasser
40 ml Öl
10 g Kümmel (gemahlen)
50 g Sonnenblumenkerne
Salz

Und so wird's zubereitet:

1. Die Gerste grob schroten, den Dinkel fein mahlen.

2. Die Sonnenblumenkerne mit dem Messer hacken oder in der Moulinette zerkleinern.

3. Alle Zutaten des Teiges zusammenmischen und gut durchkneten (ca. 10 Min. lang, damit sich der Kleber des Getreides entfaltet).

4. Den Teig auf einem bemehlten Tisch dünn ausrollen und in ca. 1 cm breite und 10 cm lange Streifen schneiden. Diese dann an beiden Enden halten und in der jeweils entgegengesetzten Richtung drehen.

5. Diese gedrehten Stangen dann auf ein Gitter legen und bei 60 °C Ofentemperatur trocknen.

(83) Buchweizenbrot mit Leinsamen

Das brauchen Sie als Zutaten:

150 g Buchweizen
300 g Weizen
40 ml Öl
250 ml Wasser
100 g Leinsamen
Salz
Thymian

Und so wird's zubereitet:

1. Den Buchweizen grob schroten, den Weizen fein mahlen.

2. Den Thymian waschen, vorsichtig trockentupfen, abzupfen und mit dem Messer hacken. Es kann aber auch getrockneter Thymian verwendet werden.

3. Alle Zutaten des Brotes zusammenmischen und gut durchkneten (ca. 10 Min. lang, damit sich der Kleber des Getreides entfaltet).

4. Den Teig auf einem bemehlten Tisch ca. 0,5 cm dick ausrollen und je nach Belieben ausstechen.

5. Die Brotfladen am besten auf ein Gitter legen und im Ofen bei 60 °C Ofentemperatur trocknen.

(84)   Grünkernbrot mit Schnittlauch

Das brauchen Sie als Zutaten:

200 g Grünkern
300 g Roggen
250 ml Wasser
40 ml Öl
1 Bd Schnittlauch
Salz

Und so wird's zubereitet:

1. Den Grünkern grob schroten; den Roggen fein mahlen.

2. Den Schnittlauch waschen, vorsichtig trockentupfen und mit einem scharfen Messer schneiden.

3. Alle Zutaten für das Brot zusammengeben und gut durchkneten (ca. 10 Min. lang, damit sich der Kleber des Getreides entfaltet).

4. Den Teig auf einem bemehlten Tisch ca. 0,5 cm dick ausrollen und je nach Belieben ausstechen.

5. Die Brotfladen am besten auf ein Gitter legen und im Ofen bei 60 °C Ofentemperatur trocknen.

(85) Kürbiskernbrot mit gekeimtem Dinkel

Das brauchen Sie als Zutaten:

150 g gekeimten Dinkel
300 g Weizen
100 g Kürbiskerne
125 ml Wasser
Salz
1 Bd Petersilie
40 ml Öl

Und so wird's zubereitet:

1. Den 2–3 Tage lang gekeimten Dinkel gut durchspülen und abtropfen lassen, danach durch die mittlere Scheibe des Fleischwolfes drehen oder in der Moulinette pürieren.

2. Den Weizen fein mahlen.

3. Die Petersilie waschen, vorsichtig trockentupfen und fein hacken.

4. Das Getreide, die Petersilie, das Wasser und das Öl zusammengeben und gut durchkneten (10 Min. genügen, damit sich der Kleber des Getreides entfalten kann.

5. Den Teig auf einem bemehlten Tisch ca. 0,5 cm dick ausrollen und je nach Belieben ausstechen.

6. Die Brotfladen mit den Kürbiskernen bestreuen und etwas andrücken, danach am besten auf ein Gitter legen und im Ofen bei 60 °C Ofentemperatur trocknen.

(86)   Sesambrot mit gehackten Feigen

Das brauchen Sie als Zutaten:

300 g Dinkel
150 g Roggen
100 g Feigen
100 g Sesam
250 ml Wasser
40 ml Öl
Piment, Salz
2 EL Honig

Und so wird's zubereitet:

1. Die Feigen ca. 20 Min. einweichen. Dieses Einweich- wasser dann zum Backen verwenden, siehe (3).

2. Den Dinkel fein mahlen; den Roggen grob schroten.

3. Das Wasser (Einweichwasser), das Öl und die Gewürze zum Mehl geben und gut durchkneten (ca. 10 Min. ge- nügen, damit sich der Kleber des Getreides entfalten kann.

4. Die Feigen mit dem Messer fein hacken und zusammen mit dem Sesam unter den Teig kneten.

5. Den Teig auf einem bemehlten Tisch ca. 0,5 cm dick ausrollen und je nach Belieben ausstechen.

6. Die Brotfladen am besten auf ein Gitter legen und im Ofen bei ca. 60 °C Ofentemperatur trocknen.

Das brauchen Sie als Zutaten:

500 g Weizen
40 ml Öl
250 ml Wasser
40 g getrocknete Aprikosen
50 g Rosinen
Koriander
Zimt
Salz

Und so wird's zubereitet:

1. $2/3$ des Weizens fein mahlen $1/3$ des Weizens grob schroten.

2. Das Wasser, Öl und die getrockneten Aprikosen im Mixglas aufmixen.

3. Die aufgemixte Flüssigkeit und die Gewürze zum Mehl geben und gut durchkneten (etwa 10 Min. genügen, damit sich der Kleber des Getreides entfalten kann).

4. Die Rosinen dazugeben, nochmals durchkneten.

5. Den Teig auf einem bemehlten Tisch ca. 0,5 cm dick ausrollen und je nach Belieben ausstechen.

6. Die Brotfladen am besten auf ein Gitter legen und im Ofen bei ca. 60 °C Ofentemperatur trocknen.

(88) Mürbeteig-Plätzchen mit Erdbeermarmelade gefüllt

Das brauchen Sie als Zutaten:

200 g Dinkel
200 g Mandeln
100 g Butter
100 g Honig
etwas Zitronensaft und
Abrieb der Schale
1 kl. Prise Salz
etwas Zimt
etwas Vanille

250 g Erdbeeren
100 g Feigen getrocknet
evtl. etwas Zimt

Und so wird's zubereitet:

1. Den Dinkel fein mahlen.

2. Die Mandeln fein raspeln oder in der Moulinette fein mahlen.

3. Die gesamten Zutaten des Teiges zusammenmischen und gut durchkneten, ungefähr 5 Min. ruhen lassen.

4. Den Teig auf einem bemahlten Tisch ca. 0,5 cm dick ausrollen und rund ausstechen. Aus der Hälfte der Plätzchen mit einem kleineren runden Ausstecher in der Mitte ein Loch herausstechen.

5. Die Plätzchen am besten auf ein Gitter legen und im Ofen bei ca. 60 °C trocknen.

Erdbeermarmelade:

1. Sind die getrockneten Feigen nicht zu hart, kann man sie mit einem Messer grob schneiden und danach in der Moulinette pürieren. Sind die Feigen zu hart, ca. 10 Min. vorher einweichen.

2. Die Erdbeeren waschen, putzen, mit den Gewürzen zu den Feigen geben und nochmals pürieren.

Zum Schluß die Plätzchen ohne Loch mit der Marmelade bestreichen und ein gelochtes Plätzchen darauf legen und etwas andrücken.

Deftige Aufstriche

– siehe auch Farbtafel auf Seite 62 –

(89) Karotten-Sonnenblumenkerne-Aufstrich

Das brauchen Sie als Zutaten:

50 g Cashewkerne oder Bruch
50 g Sonnenblumenkerne (2 Tage gekeimt)
50 g Karotten
30 g Avocado
30 g Zucchini
frische Kräuter
Salz
Muskatblüte

Und so wird's zubereitet:

1. Karotten und Zucchini waschen, putzen und in kleine Stückchen schneiden.

2. Die Avocado halbieren, vom Stein lösen und aus der Schale heben (Rest aufbewahren).

3. Die Cashew- und Sonnenblumenkerne in der Moulinette zerkleinern.

4. Die Karotten, Zucchini und Avocado ebenfalls in die Moulinette geben und pürieren.

5. Die frischen Kräuter waschen, vorsichtig trockentupfen und hacken oder schneiden.

6. Alles zusammengeben und mit einer Gabel untereinandermischen.

Das brauchen Sie als Zutaten:

80 g Cashewkerne
1 Paprikaschote (rot)
1/4 Avocado
1 TL Tomatenmark
etwas Thymian (frisch)
Salz

Und so wird's zubereitet:

1. Die Paprika waschen, halbieren, putzen, die restlichen Kerne unter fließendem Wasser abspülen und grob schneiden.

2. Die Avocado halbieren, vom Stein lösen und aus der Schale heben (Rest aufbewahren).

3. Die Cashewkerne in der Moulinette fein zerkleinern.

4. Die kleingeschnittene Avocado und die zerkleinerte Paprikaschote dazugeben und pürieren.

5. Zum Schluß mit Salz würzen und den gehackten Thymian dazugeben.

Anmerkung:

Paprika kann durch zu starkes Aufmixen bitter werden, deshalb nicht unnötig lange pürieren.

Das brauchen Sie als Zutaten:

100 g Grünkern
2 Tomaten
$1/2$ Avocado
etwas Schnittlauch
Kerbel
Salz

Und so wird's zubereitet:

1. Den Grünkern fein mahlen.

2. Die Tomaten gut waschen, den Strunk herausschneiden und vierteln.

3. Die Avocado halbieren, vom Stein lösen, aus der Schale heben und grob schneiden.

4. Die Avocado und die Tomaten im Mixglas aufmixen, dann nach und nach den gemahlenen Grünkern dazugeben.

5. Zum Schluß die Kräuter waschen, vorsichtig trockentupfen. Den Kerbel hacken, den Schnittlauch schneiden und darunterheben.

Das brauchen Sie als Zutaten:

50 g Austernpilze
1/2 Paprika rot
3 Radieschen
1/2 Kohlrabi
70 g Cashew
70 g Sonnenblumenkerne
Meersalz

Und so wird's zubereitet:

1. Die Paprika waschen, halbieren, putzen, die restlichen Kerne unter fließendem Wasser abspülen; dann grob schneiden.

2. Die Radieschen und Kohlrabi waschen, putzen und grob schneiden.

3. Da Austernpilze im Gewächshaus auf Strohballen gezogen sind und beim biologischen Anbau keine giftigen Dünge- und Spritzmittel verwendet werden, braucht man diese Pilze nicht zu waschen.
   Man entfernt die einzelnen Kappen vom Strunk, welcher nicht verwendet werden kann, und schneidet die Kappen grob durch.

4. Zuerst die Cashewkerne und die Sonnenblumenkerne in der Moulinette zerkleinern, danach das Gemüse und die Pilze pürieren.

5. Zum Schluß den Basilikum waschen, vorsichtig trockentupfen, kleinschneiden und zusammen mit dem Salz unter die Paste heben.

171

Das brauchen Sie als Zutaten:

150 g Butter (gute Zimmertemperatur)
2 Tomaten
1/2 Bd Schnittlauch
etwas Meersalz
Muskatblüte

Und so wird's zubereitet:

1. Die warme Butter mit einem Handrührgerät aufschlagen.

2. Die Tomaten waschen, vom Strunk befreien und vierteln. Danach mit einem Messer das Fruchtfleisch herausschneiden, im Mixbecher aufmixen und unter die Butter rühren.

3. Den Rest der Tomate in feine Würfelchen schneiden. Den Schnittlauch waschen, vorsichtig trockentupfen, ebenfalls fein schneiden und zusammen mit den Tomaten und den Gewürzen unter die Butter heben.

(94) Paprika-Radieschen-Butter

Das brauchen Sie als Zutaten:

150 g Butter
3 Radieschen
1/4 Rote Paprika
1/2 Bd Petersilie
Salz

Und so wird's zubereitet:

1. Die weiche Butter mit einem Handrührgerät schaumig schlagen.

2. Die Paprika waschen, halbieren, putzen, die restlichen Kerne unter fließendem Wasser abspülen. Die Radieschen waschen und putzen.

3. Die Petersilie waschen, vorsichtig tupfen und hacken.

4. Radieschen und Paprika in erbsengroße Stückchen schneiden und alles zusammen unter die Butter heben.

Das brauchen Sie als Zutaten:

1 Avocado
1/2 Gurke
1/2 Bd Dill
3 EL Öl
etwas Salz,
Muskatblüte

Und so wird's zubereitet:

1. Die Avocado halbieren, vom Stein lösen, aus der Schale heben und in grobe Stücke schneiden.

2. Die Gurke waschen und in grobe Stücke schneiden.

3. Gurken, Avocado, Öl und die Gewürze im Mixbecher oder mit einem Pürierstab zu einem glatten Brei pürieren.

4. Den Dill waschen, vorsichtig trockentupfen, mit einem Messer fein schneiden und unter den pürierten Aufstrich heben.

(96) Dinkel-Kürbiskern-Aufstrich

Das brauchen Sie als Zutaten:

150 g Butter
30 g gekeimter Dinkel
4 Radieschen
20 g Mandeln
30 g Kürbiskerne
1/2 Bd Schnittlauch
etwas Liebstöckel (schmeckt sehr intensiv!)
etwas Salz

Und so wird's zubereitet:

1. Die Butter mit einem Handrührgerät schaumig schlagen.

2. Die Dinkelkeimlinge waschen und abtropfen lassen.

3. Die Mandeln und Kürbiskerne sowie den Dinkel in der Moulinette zerkleinern.

4. Die Radieschen waschen, putzen und in sehr feine Würfel schneiden.

5. Den Schnittlauch und Liebstöckel waschen, vorsichtig trockentupfen und mit einem scharfen Messer fein schneiden.

6. Alles zusammengeben, untereinanderheben und mit etwas Salz abschmecken.

7. Die Masse in ein Schüsselchen füllen oder mit dem Spritzsack mit Sterntülle portionsgroße Rosetten aufspritzen (siehe Farbtafel Seite 62).

Roh gerührte Marmeladen
– und süße Brotaufstriche –
– siehe auch Farbtafel Seite 63 –

(97) Orangen-Marmelade

Das brauchen Sie als Zutaten:

50 g getrocknete Aprikosen
50 g getrocknete Pflaumen
200 g Orangen (geschält)
frische Ingwerwurzel

Und so wird's zubereitet:

1. Falls das Trockenobst zu fest ist, muß dieses kurz eingeweicht werden; doch in den meisten Fällen kann dieses
uneingeweicht mit einem etwas größeren Messer 2–3
mal durchgeschnitten und danach in der Moulinette
fein püriert werden.

2. Die Orangen schälen, grob in Stücke schneiden und
zum pürierten Trockenobst in die Moulinette geben,
dann alles nochmals kurz pürieren.

3. Die Masse in ein Glas füllen und etwas frisch geriebene
Ingwerwurzel unterrühren

Hinweis:

Diese Marmelade läßt sich ca. eine Woche im Kühlschrank aufbewahren.

176

(98) Feigen-Erdbeer-Marmelade

Das brauchen Sie als Zutaten:

100 g getrocknete Feigen
250 g Erdbeeren
etwas Vanille
etwas Zitronensaft

Und so wird's zubereitet:

1. Das Trockenobst kleinschneiden und pürieren; siehe Rezept (97).

2. Die Erdbeeren waschen und putzen, halbieren und zum pürierten Trockenobst in die Moulinette geben, danach nochmals kurz pürieren.

3. Je nach Geschmack und Reife der Erdbeeren noch etwas Honig dazugeben und mit Vanille abrunden.

4. Die Fruchtmasse in ein Glas füllen.

Hinweis:

Diese Marmelade ist ca. eine Woche im Kühlschrank haltbar.

(99) Brombeer-Apfel-Marmelade

Das brauchen Sie als Zutaten:

100 g getrocknete Äpfel
250 g Brombeeren
1 TL Honig
etwas Piment
etwas Vanille

Und so wird's zubereitet:

1. Da die getrockneten Apfelringe meist geschmeidig sind, brauchen diese nicht eingeweicht zu werden. Die Apfelringe mit einem Messer 2-3 mal durchschneiden und danach in der Moulinette fein pürieren.

3. Die Fruchtmasse mit Piment und Vanille fein abschmecken und in ein Glas füllen.

Hinweis:

Die Marmelade läßt sich ca. eine Woche im Kühlschrank aufbewahren.

(100)   Sauerkirsch-Birnen-Marmelade

Das brauchen Sie als Zutaten:

100 g getrocknete Birnen
250 g Sauerkirschen
etwas Zimt
etwas Koriander

Und so wird's zubereitet:

1. Die getrockneten Birnen ca. 20 Min. einweichen, mit dem Messer 4–5 mal durchschneiden, danach in der Moulinette fein pürieren.
2. Die Kirschen verlesen, waschen, entsteinen, in die Moulinette geben, dann alles nochmals kurz pürieren.
3. Die Fruchtmasse mit Zimt und Koriander fein abschmecken und in ein Glas füllen.

Hinweis:

Die Marmelade läßt sich ca. eine Woche im Kühlschrank aufbewahren.

(101)   Erdbeer-Aprikosen-Marmelade

Das brauchen Sie als Zutaten:

125 g getrocknete Aprikosen
300 g Erdbeeren
Vanille
Zitronensaft
Piment

Und so wird's zubereitet:

1. Das Trockenobst kleinschneiden und pürieren; siehe Rezept (97).

2. Die Erdbeeren waschen, putzen, zu den Aprikosen geben und mit diesen nochmals in der Moulinette pürieren.

3. Die Fruchtmasse in eine Schüssel geben, die Gewürze dazugeben, nochmals untereinanderheben und im Kühlschrank kaltstellen.

(102) Mandelbutter

Das brauchen Sie als Zutaten:

150 g Butter (weich)
100 g Mandeln
2 EL Honig
1 TL Carobpulver
etwas Vanille

Und so wird's zubereitet:

1. Die weiche Butter mit dem Handrührgerät aufschlagen.

2. Die Mandeln in der Moulinette ganz fein zerkleinern.

3. Mandeln, Honig, Carobpulver und Vanille unter die aufgeschlagene Butter heben.

4. Die Butter kann in ein Gefäß gegeben werden; am besten jedoch in einen Spritzsack füllen, in portionsgroße Rosetten spritzen und im Kühlschrank aufbewahren.

(103) Himbeerbutter

Das brauchen Sie als Zutaten:

200 g Butter (weich)
150 g Himbeeren
2 EL Honig
etwas Piment
Vanille

Und so wird's zubereitet:

1. Die weiche Butter mit dem Handrührgerät aufschlagen.

2. Die Himbeeren im Mixglas pürieren.

3. Himbeeren, Honig, Piment und Vanille unter die aufgeschlagene Butter heben.

4. Die Butter kann in ein Gefäß gegeben werden; am besten jedoch in einen Spritzsack füllen, in portionsgroße Rosetten spritzen und im Kühlschrank aufbewahren.

Anhang

Der Verlag »Natürlich und Gesund« Stuttgart, gibt ab 1992 eine neue Buchreihe heraus, die sich für eine bewußte Lebensweise starkmacht. Wir veröffentlichen auf den nächsten Seiten einige Artikel aus dieser Buchreihe, die den Namen trägt: »NATÜRLICHE GESUNDHEIT — Öko-Ratgeber für mehr Lust auf Leben«. Dieser ganzheitlich orientierte Ratgeber erscheint zu den Jahreszeiten Frühling/Sommer/Herbst/Winter zum günstigen Reihenpreis DM 36,— (mit Buchprämie). Bitte unseren Prospekt anfordern: Verlag »Natürlich und Gesund«, Abt. Buchreihe Öko-Ratgeber, Postfach 70 01 18, 7000 Stuttgart 70.

Wenn der Körper verrückt spielt . . .

Allergien plagen viele Menschen — die meisten Betroffenen sind Kinder

Die Krankheit »Allergie« macht sich in vielen Erscheinungen bemerkbar: als juckendes Ekzem bei der Neurodermitis, tränende Augen bei Heuschnupfen, Atemnot bei Asthma und Durchfälle bei Colitis, ferner Gelenkschmerzen bei Rheuma. Manchmal treten die Erscheinungen akut auf, oft ist der Verlauf saisonal, sehr häufig jedoch über Jahre chronisch. Über 25 Millionen Betroffene allein in Deutschland sind der Allergie ausgesetzt. Die symptomauslösenden Substanzen werden inzwischen mit über 60 000 angegeben. Hier gehören natürliche Stoffe wie Pollen, Hausstaub und Tierhaare ebenso dazu wie Umweltgifte, Medikamente und denaturierte Nahrungsmittel.

Die eigentliche Ursache der Allergie ist bislang nicht bekannt. Allergien können den Menschen von seiner Geburt bis zu seinem Tode als Krankheit begleiten. Angeboten werden viele verschiedene Therapien, doch leider führen davon nur wenige zum Erfolg. Die Schulmedizin verwendet bei der Behandlung allergischer Erkrankungen meist Cortison. Auch werden die Patienten immer wieder in Klimakuren geschickt, die selten langanhaltenden Erfolg bringen.

In Deutschland sind zwei Behandlungsmethoden zu empfehlen. Eine der beiden Therapieangebote, die in 80—85 % der Fälle zum Erfolg führt, wird im Institut für biologische Medizin und angewandte Ernährungstherapie in Villingen durchgeführt. Die von einem Heilpraktiker und Ernährungstherapeuten entwickelte Therapie umfaßt diätetische, medikamentöse und psychotherapeutische Maßnahmen.

Die zweite Behandlungsmethode wird in der Schwarzwaldklinik Villingen-Schwenningen praktiziert. Dort beginnt die wesentliche Therapie mit Heilfasten, veganer Frischkost und Homöopathie. Der stationäre Aufenthalt in der Klinik wird von den meisten Kassen übernommen.

Weitere Informationen zum Thema Allergien sind erhältlich vom »Forum Allergie« e. V., Niedere Str. 24, 7730 Villingen-Schwenningen 1. Das »Forum Allergie« informiert über diese Therapiekonzepte mehrmals im Jahr bei Tagungen und Kongressen. Es empfiehlt sich, die 32seitige Broschüre des Forums anzufordern: 2,— DM in Briefmarken einzusenden an Verlag »Natürlich und Gesund« Eberhard Cölle, Leserservice, Postfach 70 01 18, 7000 Stuttgart 70 (für Therapeuten oder Gesundheitsberater können 10 Broschüren für 6,— DM in Briefmarken bestellt werden).

182

Vegetarismus:
Zum »herzlichen« Nachdenken!
Vorerst mag der Vegetarismus für alle als »Utopie« erscheinen, aber manche »angebliche Utopie« ist bereits Wirklichkeit geworden.

Es sterben nachweisbar immer mehr Tiergattungen aus. Die Summe der Gifte und radioaktiver Stoffe wird auch im Hinblick auf diese oder jene Tierarten in wachsendem Maße Verluste und Unfruchtbarkeitssymptome bringen; auch Degenerationserscheinungen und ähnliches mehr und manche erhöhte Anfälligkeit gegen alte Krankheiten bzw. sich verändernde Krankheiten oder neue Krankheiten.

Der Mensch muß umkehren auf diesen Wegen — und damit auch die Wissenschaft.

Wir nehmen in überzeugter Weise an, daß der »gewaltlose Vegetarismus, der nicht diktatorisch wirkt und niemandem aufgezwungen wird, Zukunft hat. Die Umstände werden es aber sein — und das hat nichts mit einer Heils- oder Endzeiterwartung zu tun —, daß sich eines Tages der Vegetarismus auch allgemein durchsetzen wird. Es ist noch ein langer Weg bis dorthin, aber er zeichnet sich schon mit Hilfe kleiner Anfangserfolge ab.

Erfreulich ist außerdem, daß man das Tier nicht mehr überall als eine »seelenlose Sache« ansieht. Das ist ebenfalls ein Fortschritt.

Vom Zwang zum bewußten Töten der Tiere distanzieren sich nachweisbar viele Menschen. Es handelt sich nicht um Einzelfälle.

Hinsichtlich der angeblichen Entstehung der Arten durch natürliche Zuchtwahl gibt es schon Anschauungsabweichungen und auch entgegengesetzte Meinungen bzw. Überzeugungen, wenn man aufmerksam die reichhaltige Literatur seit 1900 bis zum heutigen Tage *probeweise* studiert und sich möglichst aus vielen, vielen Quellen informiert.

Der »Kampf ums Dasein« trifft unter den Tieren auch nicht überall zu. Außerdem ist man zu neuen, interessanten Beobachtungen und Feststellungen gekommen, warum es, wo zutreffend, zum »Kampf ums Dasein« gekommen ist. Es gibt zusätzlich auch gewisse »Friedtiere«, die zum Beispiel keinen »Kampf auf Leben und Tod ums Dasein« kennen.

Es trifft nicht immer zu, daß der Mensch töten müsse, wenn er sein Leben erhalten wolle.

Franz Hendricks

Lebensweise der Essener

Die Essäer lebten einfach, selbstgenügsam und in großer Demut zu Gott.

Sie strebten die Harmonie mit den Naturgesetzen an, wobei sie letztere als Schöpfungsgesetze beachteten. Was die Ernährung betrifft: Die Essener (oder Essäer) waren Vegetarier, und ihre Hauptnahrung bestand aus Getreide.

Die Gemeinschaft der Glaubensbrüder war mit großem Elan dabei, karges Land fruchtbar zu machen und Wüstengebiete aufzuforsten. Die Essener standen vor Sonnenaufgang auf, und ihr erstes Gebet war der Sonne gewidmet, weswegen sie auch manchmal als »Sonnenanbeter« bezeichnet worden sind. Danach wuschen sie sich mit kaltem Wasser und nahmen das Frühstück schweigend gemeinsam ein. Bis zum Nachmittag wurde dann gearbeitet, und der Abend war der Meditation bzw. dem Studium der Lehre gewidmet.

Durch ihre Kenntnis von Pflanzen und Heilkräutern waren sie in der Lage, die meisten Krankheiten zu vermeiden. Ein großer Teil ihrer Lehre hatte mit Natur- und Geistheilung zu tun. Sie glaubten auch an die heilenden Kräfte der Luft, des Sonnenscheins, des Wassers und der Erde. Entgegen den Gesetzen der Natur zu leben, empfanden sie als eine Sünde, die früher oder später durch Krankheit bestraft wird. Einigen Quellen zufolge bedeutet das Wort Essener »Heiler«. Daß die Essener beson dere Heilkräfte besaßen, war

damals allgemein bekannt, und zumindest einer von ihnen wird in der Bibel ausdrücklich erwähnt: Johannes der Täufer. Daß Jesus vermutlich auch mit den Essenern in Verbindung stand, steht ohne große Zweifel fest. In Berichten über die von ihm vollbrachten Heilungen kommt oft zum Ausdruck, daß er Krankheiten auf unnatürliche Lebens- und Denkweisen zurückführte.

Die heutigen Vertreter der Naturheilkunde finden viele ihrer Ideen durch die Lehren der Essener bestätigt. Es wird dort immer wieder die Bedeutung der Krankheitsverhütung betont — im Gegensatz zur modernen orthodoxen Medizin, die sich mehr auf Reparaturen bereits entstandener Schäden beschränkt. Es wird auf die Harmonie mit der Natur großer Wert gelegt und von künstlichen und chemischen Eingriffen abgeraten. Die gesunde Ernährung durch unverfälschte Nahrungsmittel wird als Grundlage der Gesundheit betrachtet. Die Nahrungsmittel der Essener kamen frisch vom Feld und vom Obstgarten, und viele wurden roh gegessen. Sogar Getreide wurde oft in eine Art ungebackenes Brot verarbeitet. Die Körner wurden geweicht, gemahlen, zu Fladen geformt und auf Steinen in der Sonne gebacken. Diese »Pfannkuchen« waren leicht verdaulich und enthielten doch noch alle natürlichen Nährstoffe des rohen Vollkorns. Heute wissen wir, daß viele

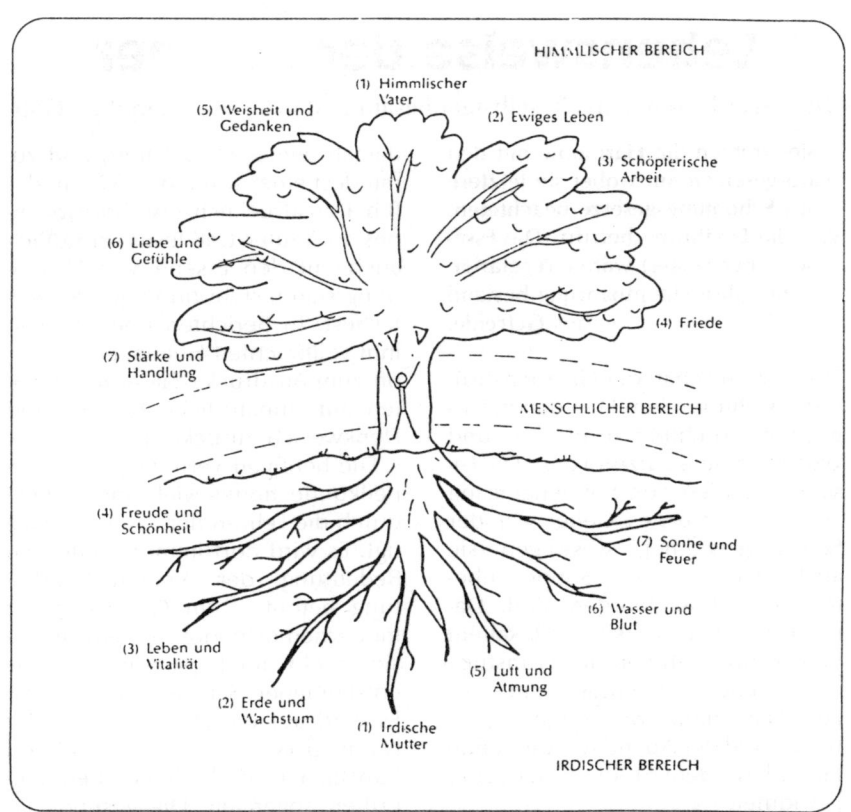

Lebensbaum der Essäer: Der Mensch steht im Paradies, im Zentrum zwischen den himmlischen (=kosmischen) und irdischen (=geistigen) Ebenen. Hier tun sich sieben Bereiche auf, die einander gegengesetzt sind und dennoch harmonisieren: Vater/Mutter oder Sonne/Stärke bzw. Feuer/Handlung. Wer es vermag, diese Sinnbilder zu erkennen und zu deuten, wird seine helle Freude an dieser Abbildung haben. Unser Tip: Gehen Sie »in den Ästen und Wurzeln geistig spazieren« — eine andere, harmonische Welt tut sich Ihnen auf . . .
Abb. aus dem Buch von Christopher Markert »Yin Yang« (Goldmann TB-Verlag, Esoterik-Reihe, Band 12 110; 222 Seiten, DM 12,80).

Degenerationskrankheiten dadurch verursacht werden, daß wir zuwenig rohe Nahrungsmittel genießen.

Die Essener waren der Meinung, daß das Essen des Fleisches getöteter Tiere die Menschen gefühllos, nervös, ungeduldig und krankheitsanfällig macht.

Zucker war ihnen unbekannt, aber sie hätten ihn vermutlich aus denselben Gründen abgelehnt. Alkoholhaltige Getränke lehnten sie auch aus Gesundheitsgründen ab. Ihre Mahlzeiten waren einfach und bestanden gewöhnlich aus zwei oder drei Komponenten. Im über-

185

mäßigen Essen sahen sie eine große Gefahr. Die meisten Mahlzeiten wurden langsam und schweigend eingenommen, und einmal in der Woche wurde gefastet.

Außerdem waren sie sich der Rolle des Glaubens bewußt. Sie waren sich darüber im klaren, daß man leicht psychosomatische Krankheiten entwickelt, wenn man den Kontakt mit den kosmischen Kräften verliert. Oft heilten sie einfach dadurch, daß sie den Glaube wiederherstellten. Daher kultivierten sie eine konstruktive geistige Einstellung, und sie wußten, daß sich Neid, Haß, Schuldbewußtsein, Bosheit usw. ungünstig auf die körperliche und geistige Gesundheit auswirken.

Durch ihren ausgewogenen Lebenslauf und regelmäßige Meditationen bewahrten sie ihre friedliche Einstellung und ihr inneres Gleichgewicht. Die fähigsten Heiler unter ihnen machten weite Reisen in alle Gegenden der Alten Welt, um denen zu helfen, die ihren Glauben oder ihre Gesundheit verloren hatten.

Die volle Mitgliedschaft in den Gemeinden wurde nur denen verliehen, die sich mehrere Jahre vorbereitet und ein Probejahr in einer Gemeinschaft bestanden hatten. Viele passive Mitglieder lebten auch außerhalb in normalen Dörfern und Städten und befolgten die Lehren, so gut sie konnten.

Ja, von den Essäern können wir eine Menge lernen!

Praktizierte Brotbackkunst — gefunden in der Tageszeitung und als gutes Beispiel bewußter Lebenshaltung empfohlen.

186

Schnitzer-Stein-Getreidemühlen

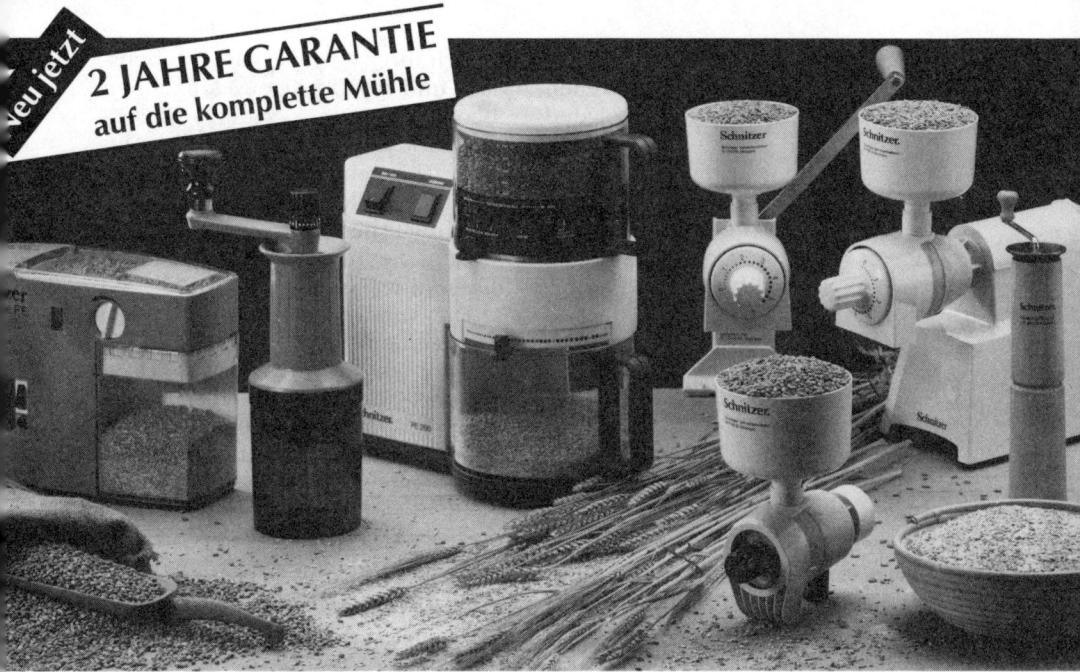

Schnitzer's Stein-Getreidemühlen werden seit mehr als 20 Jahren von erfahrenen Fachkräften in unserer Mühlenabteilung in St. Georgen im Schwarzwald hergestellt.
Für jeden Anspruch, für jede Haushaltsgröße steht ein geeignetes Modell zur Verfügung.
Ob klein oder groß, ob handbetrieben oder elektrisch – die nachfolgend aufgeführten Qualitätsmerkmale und Vorteile in bezug auf Funktionalität und Design gelten für alle Modelle.

Mahlwerk:
Mahlsteine aus natürlichen Mineralien (Naxos-Basalt und Magnesit), besonders hart, selbst nachschärfend und justierbar.
Ein Großteil der Mahlwerke ist mit einem mechanisch wirkenden Überlastungsschutz und Blockiersicherung ausgestattet.

Mahlgut:
Schnitzer-Mühlen mahlen alle weizenkerngroßen und kleineren Getreide, einige Modelle auch Mais (kein Popcorn-Mais), bei feinster bis grober Einstellung.
Ölhaltige Samen bei mittlerer bis grober Einstellung alleine, bei feiner Einstellung gemischt mit Getreide (1 : 1).

Mahlleistung:
An den Mahlwerken ist die Steingröße, Drehzahl und Durchlaufmenge so abgestimmt, daß das Getreide sehr fein und flockig gemahlen wird, ohne dies zu erhitzen.

Werkstoffe:
Die eingesetzten Kunststoffe und Lacke sind cadmium- und bleifrei.
Die Metallteile sind bleifrei.
Die Holzteile sind unbehandelt bzw. mit nichttoxischem Schichtlack behandelt.
Alle Elektromotoren sind leistungsstark und für Dauerbetrieb geeignet.

Design:
Die Farbkombinationen und Formen unserer Modelle stehen für eine moderne Linie.

Sicherheit:
Alle Modelle wurden unter Beachtung von sicherheitstechnischen Regeln konstruiert.

Bedienung:
Der logische Aufbau der Getreidemühlen ermöglicht eine einfache Handhabung und Bedienungsweise.

Reinigung:
Nachströmendes Mahlgut übernimmt in der Regel die Reinigung der Mahlsteine.
Sollte eine Reinigung einmal nötig sein, ist das Mahlwerk mit wenigen Handgriffen leicht erreichbar.

Service:
Wir garantieren einen 48-Stunden-Reparatur-Service.

Schnitzer-Stein-Getreidemühlen sind im guten Reform- und Naturkostfachhandel erhältlich.
Fordern Sie Prospekte an.
Schnitzer
Feldbergstr. 11 · 7742 St. Georgen
Telefon (0 77 24) 88 02-0

Verbraucher, aufgepaßt!
Bio- und gentechnisch veränderte Nahrungsmittel auf dem Vormarsch

Waltraud Becker

Chemie- und Nahrungsmittel-Konzerne erwarten das große Geschäft durch gentechnische Manipulation an Pflanzen, Tieren und Mikroorganismen

Einige der »spannenden Möglichkeiten« (so ein Wissenschaftler von Monsanto), mit denen die industrielle Erzeugung von Nahrungsmitteln optimiert werden soll, sind bereits heute erkennbar:
- Gentechnisch veränderte Pflanzen wie Kartoffeln, die gegen Pflanzengifte widerstandsfähig sind oder neue Inhaltsstoffe bilden;
- Tomaten, die lange transport- und lagerfähig sind, ohne weich zu werden;
- Raps, in dessen Zellen ein der Kakaobutter ähnliches Fett entsteht;
- maßgeschneiderte Mikroorganismen, mit deren Hilfe Bier, Käse, Joghurt und Brot industriegerechter und kostengünstiger hergestellt werden sollen;
- Fische, Schweine oder Kühe, die mit eingebauten Wachstumsgenen oder gentechnischen Hormonen schneller und größer wachsen, die weniger Fett ansetzen bzw. mehr Milch geben sollen.

Es ist davon auszugehen, daß EG-Beamte neue Verordnungen für die europaweite Zulassung gentechnisch hergestellter Nahrungsmittel in enger Kooperation mit Vertretern der Industrie unter Ausschluß der Öffentlichkeit erarbeiten. Schließlich soll ein industriefreundliches Zulassungsverfahren die Wettbewerbsfähigkeit der europäischen Industrie und die neuen Milliardenmärkte sichern.

Darüber berichtete das Berliner Gen-ethische Netzwerk und ergänzte in seiner Monatsschrift GID, Ausgabe Oktober 1991:

»Die Auswirkungen der Nahrung aus dem Genlabor auf den menschlichen Organismus sind nicht abschätzbar. Es ist nicht ausgeschlossen, daß genmanipulierte Mikroorganismen, Pflanzen oder Tiere, die zu Nahrungsmitteln verarbeitet werden, Substanzen bilden, die unsere Gesundheit beeinträchtigen oder zur Entstehung neuer Krankheiten beitragen. Der in Japan gentechnisch hergestellte Eiweißbaustein L-Tryptophan etwa, der in vielen Ländern als Nahrungsmittelzusatz und Schlafmittel im Handel war, führte bei Tausenden zu schweren Erkrankungen und sogar zu Todesfällen.

Die Freisetzung genmanipulierter Organismen wird neue Dimensionen erreichen: Große landwirtschaftliche Flächen werden mit genmanipulierten Pflanzen bebaut sein, und manipulierte Mikroorganismen werden nicht nur bei Störfällen, sondern auch beim Routinebetrieb aus Produktionsanlagen in die Umwelt geleitet. Viele der neuen Nahrungsmittel enthalten lebende genmanipulierte Organismen, die auch über unseren Verdauungstrakt in die Umwelt gelangen.

Hinter der verheißenden Vielfalt aus dem Gen-Baukasten verbirgt sich die zunehmende Machtkonzentration einiger weniger Konzerne im Nahrungsmittelsektor. Die Genforschung und ihr Einsatz lohnt sich vor allem für die großen Unternehmen wie Unilever, Nestle oder Kraft, die ihre patentierten Genschöpfungen auf Palmöl-Plantagen und in der Joghurtproduktion einsetzen können. Besonders profitable agrarische Rohstoffe (wie Kakao oder Vanille) sollen künftig nicht mehr in Asien oder Afrika, sondern in den Bio-Fabriken der Konzerne erzeugt werden.

Die Abhängigkeit der Bäuerinnen und Bauern von der Industrie und Handel wird stark zunehmen. Geliefert werden den Höfen Pflanzengifte und standardisiertes Saatgut im Paket; und dafür verspricht man den Bauern standardisierte Feldfrüchte, passend für die industrielle Verarbeitung. Das wird dann eine ›Gentechnische Revolution‹ der 90er Jahre. Ähnlich der ›Grünen Revolution‹ in den 60er und 70er Jahren, wird dabei der Agrarsektor weltweit umstrukturiert. Diese erneuten Veränderungen geschehen ein weiteres Mal zum Nachteil der bäuerlichen Landwirtschaft und vor allem auf Kosten der Nahrungssicherung in den Ländern der Dritten Welt.« (Zitat Ende)

Noch besteht die Möglichkeit, daß wir Konsumenten uns gegen die gentechnischen Baukasten-Nahrung zur Wehr setzen, indem wir z. B. bei der Kampagne »Essen aus dem Genlabor — Natürlich nicht« mitmachen. Mehr als 40 Organisationen, Verbände und Initiativen beteiligen sich an der Kampagne. Sie wollen gezielt und kritisch darüber informieren, was uns Verbrauchern alles mit der GenTech-Nah-

rung tatsächlich serviert wird, wer dabei gewinnt und wer verliert, wenn wir das alles zulassen.

Die Industrie befürchtet zu Recht, daß ihre Produkte aus der Retorte in den Regalen liegenbleiben, wenn wir Konsumenten über die Art ihrer Herstellung informiert sind. Dazu Prof. H. G. Gassen auf der Biotechnika 1990 in Hannover: »Im Augenblick kann ich nur jedem raten, nicht mit einem Lebensmittel auf den Markt zu kommen, das irgendwie mit Gentechnik zu tun hat. Der Umsatz würde auf Null zugehen, und auch der Absatz anderer firmeneigener Produkte würde in Mitleidenschaft gezogen werden.« (Prof. Gassen ist Direktor des Instituts für Biochemie an der TH Darmstadt und Leiter des Forschungsverbundes »Angewandte Gentechnik«, zu dem sich die Pharmaunternehmen Grünenthal, Merck und Röhm zusammengeschlossen haben.)

Diese Schwachstelle der Nahrungsmittelhersteller (die fehlende Akzeptanz der VerbraucherInnen) gilt es nun zur Stärke der Konsumenten auszubauen. Dabei geht es wieder einmal um ein Informationsproblem!

»Na, hat den Gästen unser manipuliertes Gen-Tec-Menü geschmeckt?«
Zeichnung: KASTE

Verzeichnis der Rezepte 1 bis 103

Thematische Reihenfolge; auf ein alphabetisches Inhalts-
verzeichnis wurde bewußt verzichtet.

(A) Müsli (Rezept Nr.)

(Rezept Nr.)

Foto-Farbtafel 2 (mit Vorbemerkungen)
Apfel-Müsli mit Roggensprossen (1)
Apfel-Müsli mit Mandelmilch und
Dinkel (2)
Birnen-Müsli mit Quittensaft und
Weizen (3)
Birnen-Müsli mit Hafenflocken und
Nüssen (4)
Erdbeer-Müsli mit Äpfeln und Hirse (5)
Ananas-Müsli mit Birnen und
Gerste (6)

(B) Salate

Foto-Farbtafel 3 (mit Vorbemerkungen)
Adzukibohnen-Zucchini-Tomaten-
Salat (7)
Kichererbsen-Tomaten-Avocado-Salat (8)
Roggen-Chinakohl-Radieschen-Salat (9)
Linsen-Sauerkraut-Paprika-Salat (10)
Grünkern-Gurken-Tomaten-Salat (11)
Weizen-Blutorangen-Melonen-Salat (12)
Mungobohnen-Salat mit
Stein-Champignons (13)
Rotkohl-Salat in Apfelsauce (14)
Rotkohl-Salat »Variante Hohler« (15)
Wirsing-Salat mit Melone und
Melisse (16)
Weißkohl-Salat mit Kümmel (17)
Blumenkohl mit Orangen in
Mandelsauce (18)
Blumenkohl pikant mit roter
Paprika (19)
Fenchel in Tomatensauce (20)
Fenchel mit Melone in Ananas-
sauce (21)

Karotten mit Apfel und
Keimlingen (22)
Karotten-Spargel-Salat (23)
Sauerkraut-Salat mit Radieschen (24)
Sauerkraut-Salat mit Ananas &
Erdbeeren (25)
Zucchini-Salat mit Oliven (26)
Zucchini-Salat in Radieschen-
Kapernsauce (27)
Bleichsellerie mit roter Paprika (28)
Bleichsellerie mit Pfirsich &
Banane (29)
Gurken-Salat in Dill-Zitronen-
dressing (30)
Gurken-Salat mit Birnen in
Mandelsauce (31)
Kohlrabi-Salat mit Kapern (32)
Kohlrabi-Salat mit Champignons &
Kräutern (33)
Navetten-Salat mit Austernpilzen (34)
Rübchen-Salat mit Cashew &
Paprika (35)
Broccoli-Salat in Tomatensauce (36)
Broccoli-Salat mit Birnen und
Nuß (37)
Shi-itake Pilze mit Zuckermais (38)
Stangenspargel mit Tomaten (39)
Tomaten-Ananas-Salat (40)
Pastinake mit Chicoree &
Heidelbeer (41)
Rote Bete-Apfel-Salat in Bananen-
sauce (42)
Kürbis-Topinambur (43)
Blatt-Salate: Übersicht der Möglich-
keiten
Sauce für Blatt-Salate: Radies &
Tomate (44)
Birne und Schnittlauch (Sauce) (45)

Tomate und Basilikum (Sauce)   (46)
Kürbiskerne, Kräuter und Zucchini
(Sauce)   (47)

**(C) Gemüse-Spezialitäten einschl.
Suppen**

Foto-Farbtafel 4 (mit Vormerkungen)
Grünkern-Linsenplätzchen   (48)
Gemüsepizza   (49)
Grünkern-Mandel-Plätzchen   (50)
Gurke mit Grünkern gefüllt   (51)
Ratatouille in Tomatensauce   (52)
Gefüllte Champignons   (53)
Gefüllte Spinattomate   (54)
Champignon-Mais-Gemüse &
   Avocado   (55)
Chinakohl-Roulade   (56)
Tomatencremesuppe mit Spinat-
   streifen   (57)
Gurken-Dill-Suppe mit Paprika-
   stückchen   (58)

(D) Leckerschmeckige Desserts

Foto-Farbtafel 5 (mit Vorbemerkungen)
Apfelsalat   (59)
Mandelcreme   (60)
Gefüllte Orange   (61)
Erdbeer-Hirse-Creme   (62)
Gefüllte Datteln   (63)
Fruchtsalat in Mandelmilch   (64)
Rhabarber-Erdbeer-Apfel-Dessert   (65)
Mango-Igel in Himbeersauce   (66)
Standfeste Bananen auf Kiwi   (67)
Energiebällchen mit Brombeer   (68)
Apfelbällchen   (69)
Mandelbällchen mit Kürbiskernen   (70)
Erdbeertörtchen   (71)
Erdbeer-Kokos-Kugeln   (72)
Halvah (= kühle Sesamscheiben)   (73)
Sauerkirsch-Zimt-Eis   (74)
Kokosnuß-Eis   (75)
Brombeer-Eis   (76)
Eisroulade   (77)

**(E) Brot und Gebäck –
ohne schädigende Erwärmung**

Foto-Farbtafel 6 (mit Vorbemerkungen)
Sesam-Plätzchen   (78)
Carob-Plätzchen   (79)
Mürbeteig-Plätzchen mit Mandel-
   honig   (80)
Kräuterbrezeln   (81)
Kümmelstangen   (82)
Buchweizenbrot mit Leinsamen   (83)
Grünkernbrot mit Schnittlauch   (84)
Kürbiskernbrot mit gekeimtem
   Dinkel   (85)
Sesambrot mit Feigen   (86)
Weizen-Aprikosen-Brot   (87)
Plätzchen mit Erdbeermarmelade   (88)

(F) Deftige Aufstriche

Foto-Farbtafel 7 (mit Vorbemerkungen)
Karotten-Sonnenblumenkerne   (89)
Paprika-Cashew   (90)
Grünkern-Tomaten   (91)
Austernpilz-Kohlrabi   (92)
Tomatenbutter   (93)
Paprika-Radieschen-Butter   (94)
Avocado-Gurken   (95)
Dinkel-Kürbiskern   (96)

**(G) Roh gerührte Marmeladen und
süße Aufstriche**

Foto-Farbtafel 8 (mit Vorbemerkungen)
Orangen-Marmelade   (97)
Feigen-Erdbeer-Marmelade   (98)
Brombeer-Apfel-Marmelade   (99)
Sauerkirsch-Birnen-Marmelade   (100)
Erdbeer-Aprikosen-Marmelade   (101)
Mandelbutter   (102)
Himbeerbutter   (103)

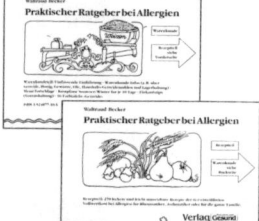